超速の身体発動法

カラダの速度は思考を超える！

武術身体探求家

平直行

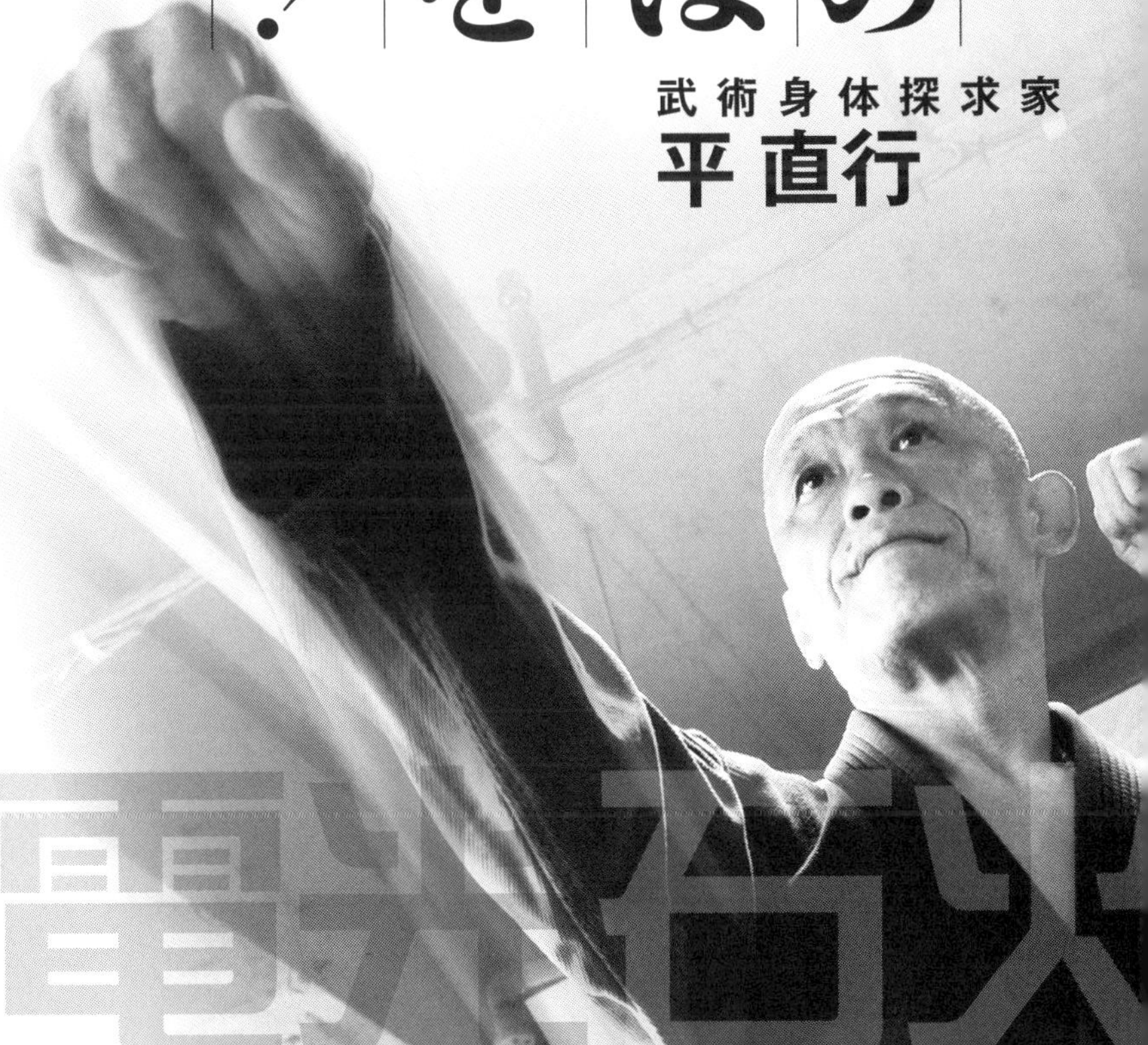

BAB JAPAN

はじめに

～極意は〝スッと動く〟

合気道の塩田剛三先生は金魚鉢の中を泳ぐ金魚がスッと方向を変えるのを見て合気道の動きに活かしたと言います。

金魚だけでなく魚はスッと方向を変えて、スイスイと水の中を泳ぎ続けます。スイスイ泳げない魚はいません。魚はみんな川の流れに乗ってスイスイと泳ぐ。時には流れに逆らいスイスイと。流れに逆らい滝を登る魚さえいます。

〝スッと〟とは、あまり目立たない感じで早く移動（変化）するさま。そして今までの不快さがなくなってさっぱりするさま。金魚がスッと方向を変える時には確かに動きは小さく目立たない。スッと方向を変えるチカラは不快さがない動きに繋がっていきます。

歳を取るとスイスイ動けなくなってきます。そして方向を変えるのが大変になってきます。スイスイ歩けなくなった老人はスッと立ち上がることも出来なくなってきます。

スッと動くコツは意識を超えて存在します。魚はいちいち泳ぎ方を考えないでただ自然と一体化して泳ぐ。スッと方向を変えスイスイ泳ぐ。

人は不思議な生き物で泳げる人と泳げない人がいます。泳げる人は体に任せてスイスイ泳ぐ。泳げない人はあれこれ考える。あれこれ考えているから泳げない。

スッと泳ぐ秘密は思考に隠れています。脳科学や医学そして物理学。そこに格闘技と武術の経験を重ねて紐解くと人の動きの意外なコツが見えてきます。

本書のテーマはスッと動くコツ。スッと動けるとスイスイ動き続けられる。これは日常の健康、あらゆるスポーツにおいてとても大切で役に立つコツです。

２０２４年６月

平　直行

目次

第8章 カラダに関する新発見

序章

體《カラダ》がスッと動く秘密

1 スッと動く

この本の中で何度も出て来る表現があります。それは「カラダがスッと動く」です。カラダがスッと動くというのは格闘技のプロであれば実際に何度も経験して簡単に理解出来る表現。試合で鮮やかに勝つ時にはカラダがスッと動いて鮮やかに勝利します。

だから試合を振り返る時、あの時スッとパンチが出た。これだけでプロ同士の会話は成立します。ところが一般の人には、この「スッと動く」はなかなか理解が難しい。理由は体験していないから。経験がないと言葉に実感がないのでなかなか理解が難しい。これが経験しないとなかなか伝わらない言葉でもあるのだと、カラダに関するセミナーを通じて感じました。

今まで固まって動かなかった腕がスッと上がる。施術を受けると何となく分かります。セルフケアとして、こうやってスッと腕を上げてみましょう。すると、セミナーの参加者に戸惑いが出て来ます。スッと腕を上げるということは案外難しい。特に腕がよく上がらないから改善を望んでセミナーに参加された人たちには、「スッと上げる」は外国語のような感じで受け止められます。それが出来ないからセミナーに来たんだという顔つきで見られたりもしました。

②　景色の見え方

セミナーを続ける中で、スッと動けない人も多くいて、自分では一番分かりやすいと選んで伝えたはずの言葉が伝わりにくい言葉でもあると痛感したことが何度もありました。

この本の後半に岡潔《おかきよし》さんという天才数学者の話が出て来ます。昭和の時代、世界中の誰もが解けなかった数学の3大難問を1人で解いた天才数学者です。

岡潔さんは数学は情緒で解くと言いました。情緒とは見えない世界です。

岡潔さんの言う数学とは公式を暗記して計算をする暗記数学ではなく、純粋数学の分野です。純粋数学とは数学の理論的な学問です。公式の中に隠れる深い意味。公式を構成し公式として

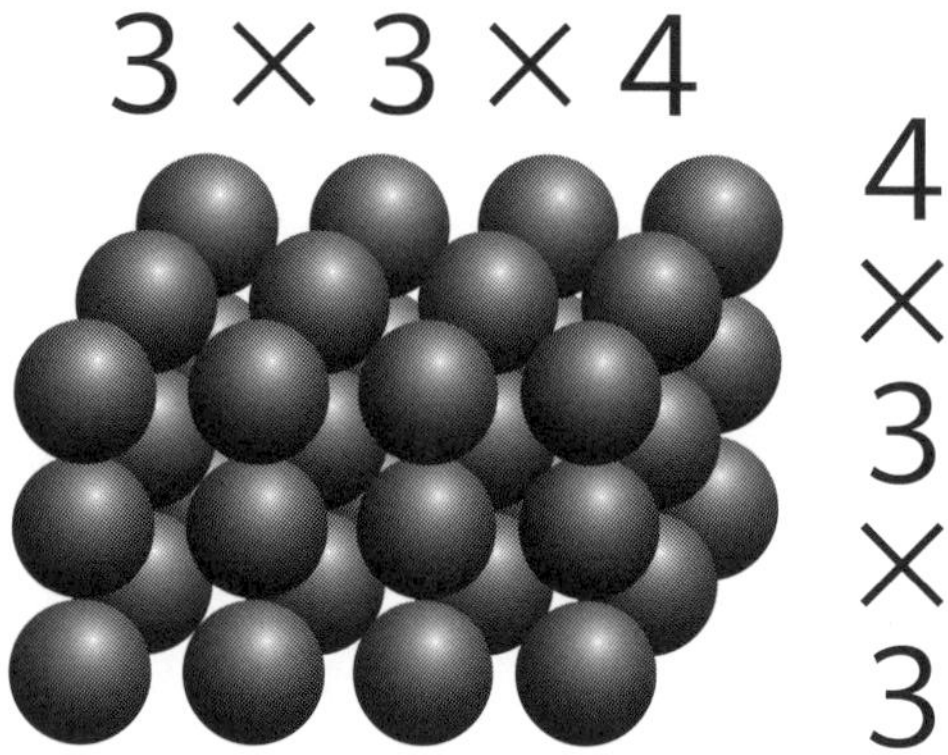

活用するための理論などの学問です。掛け算は誰でも出来る、暗算が早い人もいる。それはただの暗記数学。掛け算が成立する意味を知り説明出来るのが本来の数学の意味。それが進めば新しい公式も作り出せる。これは暗記の早さではなく、物事の奥深い眼には見えない部分を見るチカラが求められます。岡潔さんの言う情緒とは奥深いものを見るチカラでもあるのでしょう。

岡潔さんはこんなことも言っています。自然が見えるというのは錯覚だと。自然とはその人がいるから見える。これはとても難しい言葉です。

この言葉に関する僕なりの解釈です。

自然は眼の前にある。誰でも同じように全部見えていると普通は思う。ところが現実には同じ景色は見る人によって変わる。

例えば、山に行ってキノコ狩りをする。同じ自然を前にしてキノコが見えない人もいるし全部見える人もいる。普通の人には全然見えないキノコの宝の山が同じ場所にある。見えない人には宝は手には入らないし、キノコ狩りの名人にはただの山の景色は宝の山に見える。同じ自然は見る人によって全く別の景色になる。

スッと動くことは確実に存在する。それは眼には見えない。特に自分の動きになるとスッと動くには個人差が大きくなる。例えば緊張した時。緊張すると普通は上手く動けなくなる、その時に景色は狭く見えたり歪んで見えたりもする。緊張してもスッと動く人もいる。緊張を味方にすれば通常よりも良く動くことさえある。スッと動くを超えたような不思議な動きさえ出来る。その時には見える景色も変わる。

プロの試合で調子が悪いと相手しか見えない。それどころか相手がよく見えないことさえある。調子が良ければ相手はよく見える。もっと調子が良ければ相手がよく見え、リングの中全部が見える。鮮やかに試合で勝った時にはリングの外の観客まで見える。リングという同じ場所の景色は実際に一瞬で変わる。

〝スッ〟という一言を説明して理解してもらうにはこの文章だけで足りない人もいるし、これで充分に理解できる人もいる。

眼に見える物は見る人によって、また見る人の条件によっても変わる。

3 見えないものが見えるように

柳生心眼流は心の眼で見る。柳生新陰流は陰を見る。柳生の源流は陰流。

心眼で見るとは？　陰とは？

普段何気なく使っている「お陰さまで」という言葉。お陰さまの陰も見えない世界を本来表現する。誰かに助けてもらった時、「〇〇さんのお陰で〜」という。古い時代の人々は〇〇さんだけでなく、〇〇さんとのご縁や家族など眼には見えない不思議な繋がりにまで感謝して人間関係を築いていた。陰とは神に通じるような不思議な見えないチカラ。陰を映すには光が必要になる。武術の影を見るには自分自身を磨き光らせるような稽古が必要になる。

宮本武蔵先生は、「見の目は弱く、観の目は強く〜」という言葉を残されています。

見の目とはおそらくただ見ること。

観の目とはより広く目の前の事象を見ることで物事の奥にある真実を見ること。

ブルース・リーはDon't think. feel! と言っています。これもまた「表面に囚われず、奥にある真実を見よ」に通じる言葉だと感じます。

目に見える物の奥に潜む何か。それを見ることが武術の神髄であり、生きる神髄でもあるのかもしれません。

目の前の人の姿の奥に潜む心模様が見えれば、人の心を深く感じることが出来れば、お互いがお互いの心の奥まで感じて人間関係を築ければ人生は豊かな時間に変わる。

武術とは見えないものを見ることが大きな要素で稽古の目的になります。自分の姿は見えない。強さも見えにくい。健康も命も心も眼には見えない。そして見えないものはうつろいやすい。見えないものは見える物よりも実は大きな変化を常にしています。

スッと動くを言葉にすると、どんなに工夫を凝らしても一部だけを抜き出した言葉になります。一部から全体を見るのは難しい。本書では出来るだけ多くの表現を用いてスッと動くを書いていこうと思います。

スッと動くが分かるには、カラダの奥の動きを感じ引き出すことが必要です。カラダの奥の動きは見えなく、感じにくい。

陰はそのままでは暗闇。陰を映すのは光。自分自身を磨くと光が出て来ます。目で見て深い部分を感じる程、物事の理解は深まります。同じものに、別の光を与えるのはどれだけ広くそして奥まで見られるか？

前半は自分の経験談を、ここでは想像力を磨きながら読んでください。ちょっとした寄り道を挟んで後半にはカラダを健康にする運動を順序立てて紹介します。

文章だけでは限界がありますが、ぜひ奥に隠れる意味を読み取って頂ければ幸いです。

カラダは本来、「體」と書きました。

骨が豊かで體が古い時代の日本人の感覚です。

本書を読み終える頃にはその意味も分かってくると思います。

第1章

意識を変える秘訣

① 長寿の理由

この本を手に取って頂いた皆さまは、カラダに関する不思議なチカラ、命の不思議、武術の不思議、健康に関する知恵等、様々な日々を楽しく暮らす心身の知恵に興味を持った方々だと思います。

興味があると不思議な出会いと出来事が起こります。

ある日NETFLIXでお勧めの番組が出て来ました。

NETFLIXやYouTube等で色々な番組を見ていると類似した番組がお勧めで出て来ます。これは現代ならではのご縁です。

お勧めで出て来た番組は、世界中の100歳を超える人々が多く暮らす場所にスポットを当ててその理由を解き明かすというアメリカの番組でした。

長寿には一定の条件があります。例えば食事、例えば運動、そして心の状況など。その番組は100歳を超える人々が多く暮らす場所に取材に行き、そこで暮らす人々に共通した条件を探るという興味深い内容でした。

ある島では一定の場所にだけ長寿の人々が多く暮らしています。同じ島の上の部分に暮らす人々は長寿で、下に暮らす人々はそうではない。

その理由は日常で歩く道が坂道だから！

たったそれだけで同じ条件の島での寿命が変わります！

一見すると不自由な坂道だけの日常です。島の下の部分は比較的平坦な場所。上の部分は坂道。坂道の方が大変です。しかし実はその方がカラダに良く長生きに繋がっている。

神様からの健康維持の贈り物は案外〝適度な不便〟なのかもしれません。


また、1980年まで物資の輸送がなかった島でも長寿の人々が極端に多いといいます。その理由は食料の自給自足にありました。自分の周辺で育つものを食べると健康に大きな効果がある。これを日本では身土不二と呼びます。

季節と場所に関係なく何でも好きなものを食べられる方が自由で幸福に思えがちですが、実際には健康にあまり良くはない。

季節の地の物を自分たちで作って、料理もして食べる。また大規模ではないカラダを使った農作業は健康にも良い運動となる。たったこれだけで長寿の島として存在し、1980年以降に生まれた人々は同じ島で暮らして、様々な食材を食べているのに、健康状態は下降してきているといいます。

南米のコスタリカのニコジャという地域は100歳を超える人々の割合が世界平均の3.5倍。番組で出て来た100歳の老人……とはいっても見た目は70歳位に見えます。

彼は毎日カウボーイの仕事をしています。100歳のカラダは元気に馬に飛び乗り、牛を追いかけ、馬に乗って走る。長生きとは単なる数字ではなく、健康でよく動けるカラダが伴って初めて長寿と呼べます。寝たきりの100歳は長寿とは少し異なると思います。

ニコジャの人々の長寿の秘訣は難しくはない。身の回りの家事や家の周囲の草刈りや燃料の薪割りを毎日カラダを使って行うだけです。そして誰もが日常に生きる目的を持ち生きる。目的はそれ程難しくはない。家族がきちんと食べれる分働く。みんなが健康で笑顔な日常を過ごす。仕事はその目的のためにある。目的に沿った仕事はストレスが少ないのだろう。この島の人々は皆、素敵な笑顔でインタビューに答えていた。

ここは経済的には貧しい。主食であるトルティーヤを食べるには毎食乾燥させたトウモロコシを手作業で粉にすることから始まる。

世界的なデータによると健康と経済状況は比例するらしい。近代的な都市では良い薬や高額な医療を受けられることが健康に関わるとされます。アメリカの平均収入の6分の1しかないこの地では、薬は飲みません。ところが平均寿命は高く。健康寿命は更に高い。ここではジムで運動する人はいません。ただ日常でカラダを使って暮らしているだけ。

100歳のカウボーイは、小説で読むような100歳を超えた武術の達人より元気そうにも見えました。小説の達人は100歳を超えて枯れた見た目の姿で大概書いてある。現実のコスタリカの100歳のカウボーイは少年のような輝いた瞳と、ニコニコした素敵な笑顔が印象に残った。


またこの番組によるとシンガポールは近年平均寿命がどんどん上がってきており、その理由は国家の政策にあるという興味深い内容もありました。シンガポールは元々ただの漁村だったため。資源もありません。ところが世界でも有数の経済的に豊かな国。そして現在健康でも世界有数になろうとする勢いがあります。

番組のインタビューでこんなことを言ってました。

シンガポールには資源がない、でも宝物がある。それは国民である。宝である国民の健康をいかに素晴らしいものにするのか？　そこにシンガポールの素晴らしい国策がありました。

運動はカラダに良い。それは分かってはいても現実にはなかなか日常的に続けるのは難しい。そこでシンガポールは自家用車にかける税金を高くしました。それだけでなく、その税金を使い公共交通機関を整備して、車がなくとも自由に移動出来るようにしました。

更に主なターミナル駅の周辺には公園を整備しました。これは素晴らしい。

木々が生い茂り公園の周りを囲み緑豊かな広い公園が映像に映っていた。これなら少し早く家を出て散歩とかしたくなる。駅まで歩くだけでなく、何となく出勤前に早く出て公園を散歩したりするのは健康にとても良い。

また人の健康には心の状態も大きく左右する。番組を作ったアメリカのデータによると配偶者の死によって孤独になると余命が短くなり、6年以内に死ぬ確率が高くなるという。

シンガポールでは素晴らしい補助金の使い方をしていました。年老いた両親の近くに家を買う場合には政府から助成金が支給されるといいます。そのため、両親の近くに住む子どもが増えたといいます。その結果両親は孤独にならずに人生の終盤を謳歌しているのです。孫の世話も老人たちには生きがいになります。お祖父ちゃんお祖母ちゃんと過ごす時間は孫たちに幼い頃の素晴らしい思い出をくれます。共働きの両親も子育てを始めとする日常の生活を助けてもらい、年老いた両親に再び感謝の気持ちも持つ。番組に出てくる人々はみんな素晴らしい笑顔でインタビューに答えていました。

番組の最終回では、それまでの回で得た長寿の秘訣をアメリカに持ち帰って実際に一つの街でそれを再現します。

素晴らしい試みを行ったのが最終回。車社会のアメリカで街の道路を整備し自転車や徒歩で移動出来るように変える。そして人々を集めて一緒に農作業をすることで心の交流を図る。そこで出来た作物を食べる。たったの3年で健康寿命が6年ほど伸びた。

番組の最終回で興味深い発言がありました。

人の意識はそう簡単に変えることは出来ない。

意識を変えることは凄く難しい。

ところが環境を変えるだけで意識は簡単に変わる。


柳生石舟斎先生の教えに、「機縁を逃すな」そう言った言葉があります。

機縁とは元々仏教語で根機《こんき》因縁の略。機は機会、縁はご縁。機が熟せばご縁がやって来る。

そのご縁を逃すな。ご縁を活かすには日々の精進が欠かせない。

また柳生とも関りの深い沢庵和尚はこんなことを。

神様が人に姿を見せて語りかけるようなことは決してない。神様は人の姿を借りるようにしてすぐそばで見知らぬ誰かの言葉で答えを教えてくれる。

こういったことを昔の人は神移しと呼んだといいます。

神様が何かに宿るように教えてくれる瞬間を閃きと呼ぶ。閃きとは雲一つない空にすっと突然見える、風に揺れる旗の揺れるさま。・・・スッと見えて来る何か。

その時間を機縁と呼ぶのだろうか？

②人は簡単に変わる

意識を変えるのは難しいが、環境が変われば意識は勝手に変わる！

そしてそのタイミングは決まっていて、いつもやってくるのではない。

機が熟した時にご縁が何かを教えてくれる。そのご縁を逃さなければ、人は簡単に変わることが出来るのだ。


1993年にUFCが始まって、当時は未知の格闘技だったグレイシー柔術を1人でアメリカに渡り、身につけて試合をしました。あの時は意識が全て変わりました。環境が変わったからこその意識の変化でした。

とても怖かった。見地らぬ土地サンフランシスコでグレイシー柔術と出会った学びの時。英語もよく分からないまま必死で学んだ時間。だからこそ心身は最高に働いたのだろう。それから試合で勝利し、日本初のグレイシー柔術のアカデミーを開設した。

あの時を超える、物凄い環境の変化があった一年。これも機縁なのだろう。

意識が勝手に変わると、見えてくるものが変わる。

ここから書くのは、全て本当の出来事です。


人生は面白い。神様っていると思う。

新しい機縁が始まってから、毎日のように言う言葉です。


本章に入る前にこの本で必要な基礎知識を少しだけ。

骨格には電気的なエネルギーが流れています。そして骨格を構成する物質には特殊な性質があります。

圧力がかかると骨格の電位は変化します。これはピエゾ効果（圧電効果）と呼ばれています。

電気的変異は地球の引力と環境の変化によって変わる動きの変化によって常に変異します。

つまり人がカラダを動かす時には常に骨格の電気的変異が起きています。それは環境によって変わるカラダの動きによって、常に変異しています。

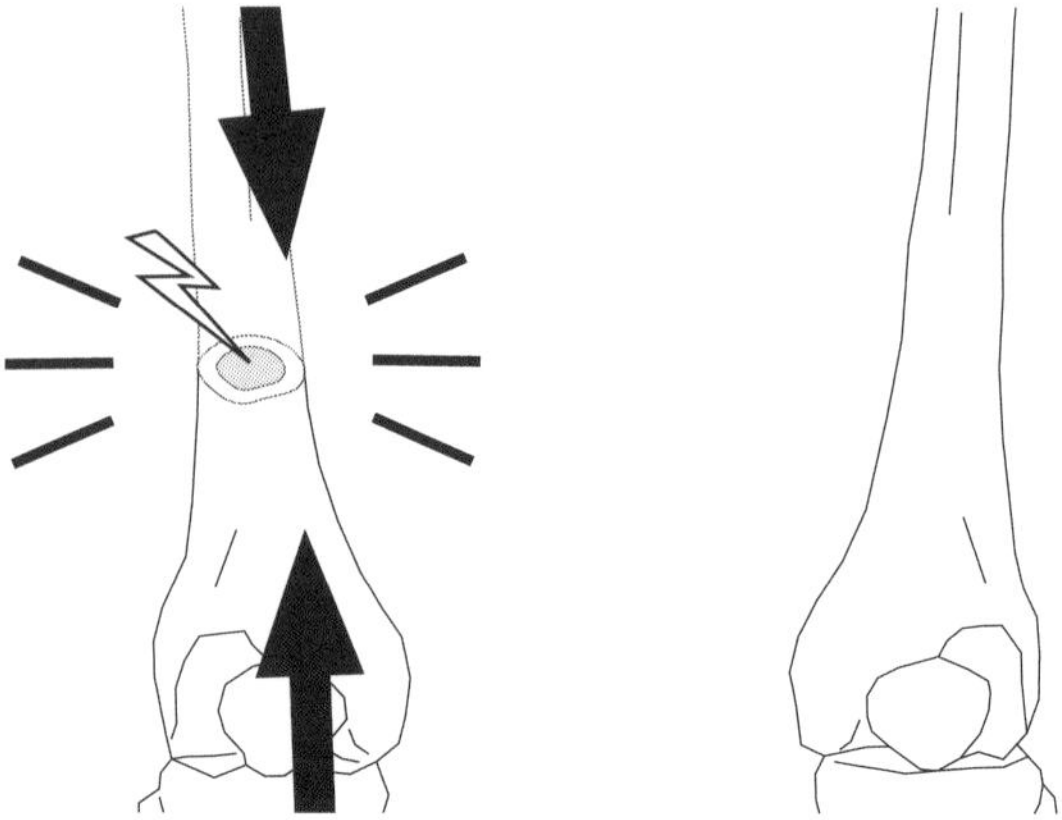

砂漠を歩く、山道を歩く、舗装道路を歩く。
全て環境に合わせたカラダの形と動きになり、環境が変わる度に骨格の電位は変化します。
自分の意識で動いた筋肉は、環境の変化を骨格を通じて受信して筋肉の奥の動きを無意識に変化させます。
この原理を用いると意識では変えられない、カラダの奥に隠れたチカラが引き出されます。

思考における飛躍に必要なものは〝発想の転換〟です。足し算と引き算しかない思考に割り算と掛け算を加えるように。

筋肉だけでなく骨格に着目してみる。前著でも書いたこの原理が、機縁によって大きく更新しました。
カラダの中に電気が発生している事は多くの人が認識している事だと思いますが、その信号・情報としての伝搬速度は光の速度に相当するものである事はあまり知られていないのではないでしょうか。

電気をコミで人のカラダを考えると、認識も、その質も動きも大きく変わってきます。

〝スッと動く〟の秘密もここに隠されています。

骨格の電位の変化を元にカラダのもう一つの秘密を紐解く一冊です。

第2章

危険な機縁

1 ある日の事件

朝起きたら太ももの付け根辺りがむずむずしました。何かにょろにょろしたような不思議な感じがしました。その動きは少し大きくなって、今度はむずむずしながら動き出しました。

この話は本当に起きた出来事です。作り話のような実話です！

その〝にょろにょろ〟はミミズのような動きをして移動した。にょろにょろのミミズは太ももの中で大きくなり移動した。膝の辺りまで来ると、そこで止まった。膝の辺りでミミズは蛇の大きさになった。

少ししたらぱっと電気が走ったような痛みがあった。

そのまま膝が動かなくなった！

何だか全く分からない。とにかく膝が痛くて動かない。

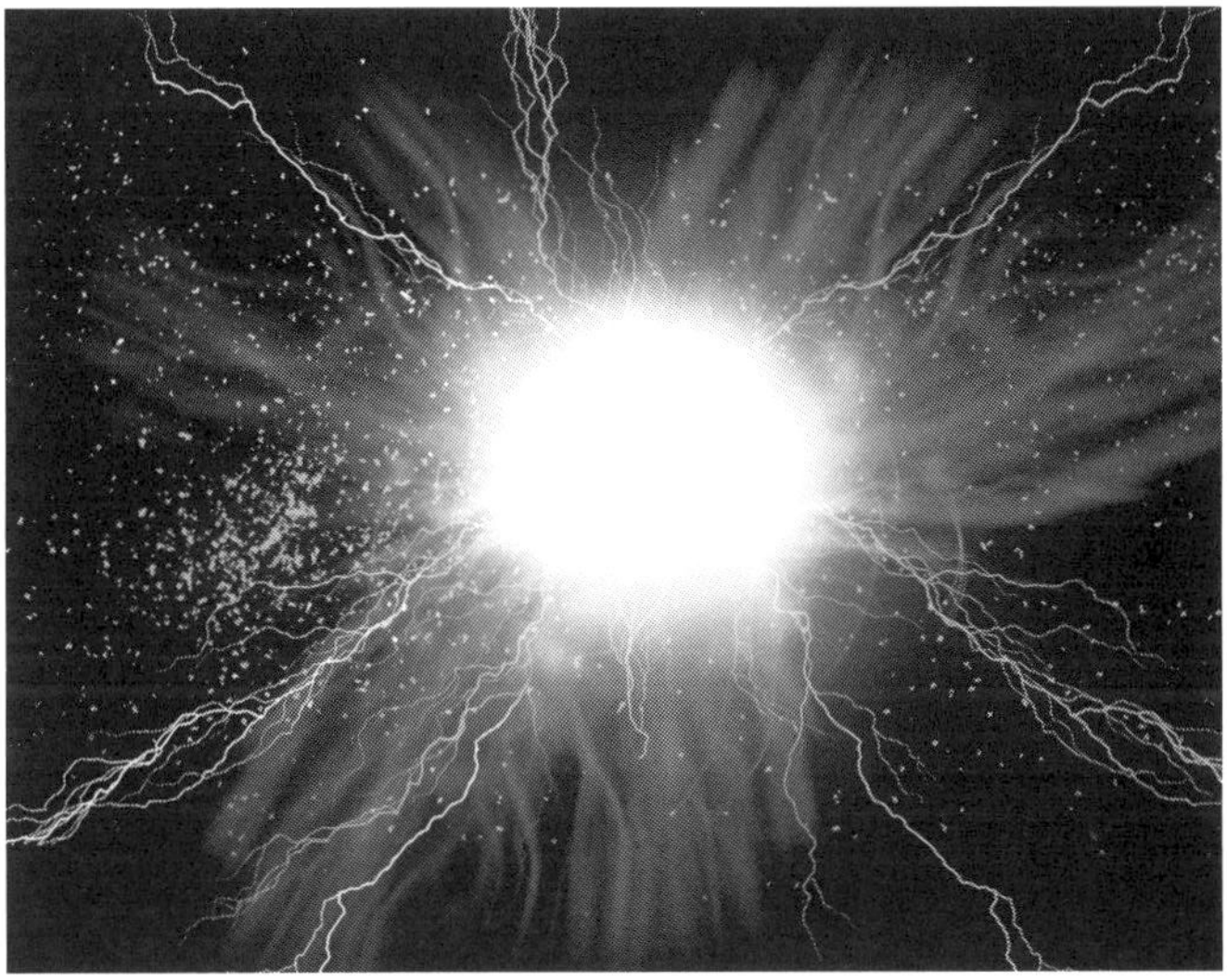

何とかカラダの他の部分を動かしてにょろにょろを消そうとした。5分くらいでにょろにょろは小さくなった。

一体何だったんだろう？

何が何だか分からないまま立ち上がって少し歩いてみた。歩き方が何かおかしい。少し歩いたらやばそうな感じがした。

それで座ってみた。

何気なく立ち上がった瞬間に全身に電気が走った。まるで雷のような感じで全身に電気が走った。そのまま膝が完全に固まって動かなくなった。

ホンの少しでも動かそうとすると膝に電気が走る。その瞬間の痛さは格闘技時代の比ではなかった。

それから3日間、膝が固まって動かなかった。それから3週間全く歩けなくなった。

2022年のちょうど寒くなった11月の始まりの頃。掛け布団が足の指先に当たっただけで痛みと一緒に電気が走った。


その頃、新しいDVDの企画が進んでいました。

②　DVD制作

ある日のお昼、電話がありました。「今から新宿に来れる？」

電話の主は施術家の杉本錬堂さん。業界では有名な施術家。いえいえそんな急には行けません！

「じゃあ紹介したい会社があるから、後で電話するようにしとくよ！」

何だか分からない展開です。錬堂さんとの付き合いは長い。信頼関係も深い。なのでそれだけで話は済みました。何も詳しいことは聞いていません。こういう人間関係は好きです。（笑）

少しすると電話がかかってきました。電話は施術関係の映像を作りセミナーも主催する会社でした。それさえも知らないまま電話を受けていました。

電話の要件は、DVDをその会社から出しませんか?との内容。ただ条件がありました。

「誰でも簡単に再現出来て効果が高い施術がありますか?」

昨日までだったら即無理ですと断った内容でした。ところが何気なく返事していました。

大丈夫です!出来ます!

実は電話の前日の稽古で、ある気付きがありました。その場で生徒を相手に試してみたら凄く効果があった全く新しい技術。施術にも応用出来る技術。ただし、たった一日で体系化に至っている訳がない。

なぜなんだろう? あの時何も考えないで自信満々大丈夫と言った根拠は何なのでしょうか?

それからすぐに会社に行って打ち合わせ。その場で色々と話をして実際にいくつか施術の技術を見せました。何も考えないで勝手に新しい施術がその場で出て来ます。

数日後に連絡がありました。会社的にOKを出すためにもう一度会社に来てもらって施術を見せて欲しい。その際に10人ほど重症患者を用意しておくとのこと。

要はオーディションのようなものです。後日担当から聞いたところ、格闘技出身で施術家は怪しいとの疑惑が社内会議で出たそうで、実際に施術をやってもらってから決めようとのことらしい。

その重症患者施術の2週間程前に膝に電気が走った訳です。

自分が歩くことも出来ない。歩くどころか立つのも難しい。その状態で重症患者を10人施術して結果を出す。なぜか延期の選択はしませんでした。なぜだかは分かりません。格闘家はどんなことがあっても試合に出る。その癖が抜けていません。だから必死の思いで新宿にある会社まで行って施術をしたのです。重症患者よりも絶対に自分の方が大変だぞ。そう思いながら新宿で施術をしました。その時の施術に関して条件がありました。ＤＶＤで紹介する施術テクニックだけでやってくださいと。

打ち合わせをしながら、誰でも簡単に出来る施術の実技をやってそれを映像に撮って社内会議で色々と吟味をする。打ち合わせ前の施術は古流武術の施術。それ以前の僕の施術の業界での評判は……「あれは凄い。でも誰も継承出来ない。再現性が低い。」というものでした。

古流武術の施術は、武術家の強靭な肉体を持って行うことが前提で出来ています。だから一般の人の体力では出来ません。

電話があった前日の稽古でふと出た閃きは、指先に触れる、というものです。武術では手足の指の動きが全身の動きに大きく影響を及ぼすという口伝があります。自分でもずっと前から知っていた口伝でした。ところが同じものが少しの工夫で圧倒的に変化します。ストレッチをする時に、指先に触れると、触れられた相手の可動域は一瞬で大きく向上します。たったこれだけの実験の成功から始まった、新しい、簡単で効果の高い施術。打ち合わせを重ねてどんどん形になり、支える理論もまとまりました。

重症患者の施術は10戦10勝。元格闘家の表現だと半分以上KO勝ち、残りもダウンを奪っての圧倒的な判定勝ちのような感じです。使った技は全て新しく出来た技でした。

格闘技の時代に行ったヤン・ロムルダーとの素手の何でもありの試合。あの試合もグレイシー柔術だけで勝った。新しく覚えたグレイシー柔術だけで圧勝した。

人が変わるのはホンの一瞬。変わるまでにかかる時間は凄く長いが変わるのは速い！

全く新しい施術があっという間にまとまってきました。重症患者の施術映像は社内会議を通過してDVDの製作が決定しました。

3 プロモーション映像の撮影

重症患者施術が上手くいって社内で企画が通ると更なる試練が待ち受けていました。今度は歩くこともままならないような更に重症の患者さんの家まで行って施術の映像を撮影して、その映像をＤＶＤ発売のプロモーションで使うという。その頃は立つだけで痛い。少し動くとずれたカラダに電気が走って暫く動けなくなる。痛みが消えるまで休まないと本当に動けません。

新宿まで車で行くのでそこまでは何とかなります。上手いことに(本当はかなりまずいのだが)、電気が走った膝は左側だったので右足でアクセルとブレーキは踏めます。もっとも車の乗り降りは相当苦労しました。車の乗り降りのために膝を曲げるのが相当に大変でした。会社の近くの駐車場に止めてから5分も歩かないのにそれも大変でした。信号が青でも渡りません。渡らないというより渡れません。青信号の途中では横断歩道を渡るのが間に合いません。青信号になった瞬間に恐る恐る渡ります。膝をかばいながら足を引きずって渡ります。青信号の時間全部を使ってようやく横断歩道を渡ることが出来ました。

歩道を歩いていても怖い。もしホンの少しでも誰かと触れたら身体中に電気が走って動けなくなる。カラダの悪い人の気持ちが本当にカラダで分かった時間を過ごしました。これが重症患者と触れ合う時の自分の気持ちを変えてくれました。

そんな状態で重症患者施術をやったら、自分のカラダに変化が起きました。痛みに耐えるとカラダは歪んでいきます。まるで悲鳴を上げるように痛む全身。格闘技の時代を超えるような根性を発揮して全力で重症患者を施術しました。その結果身体中が痛い。鏡の向こうの自分は歪みまくっています。腰や首が変な角度になっている。そのうちにお腹の辺りも硬くなって痛むように

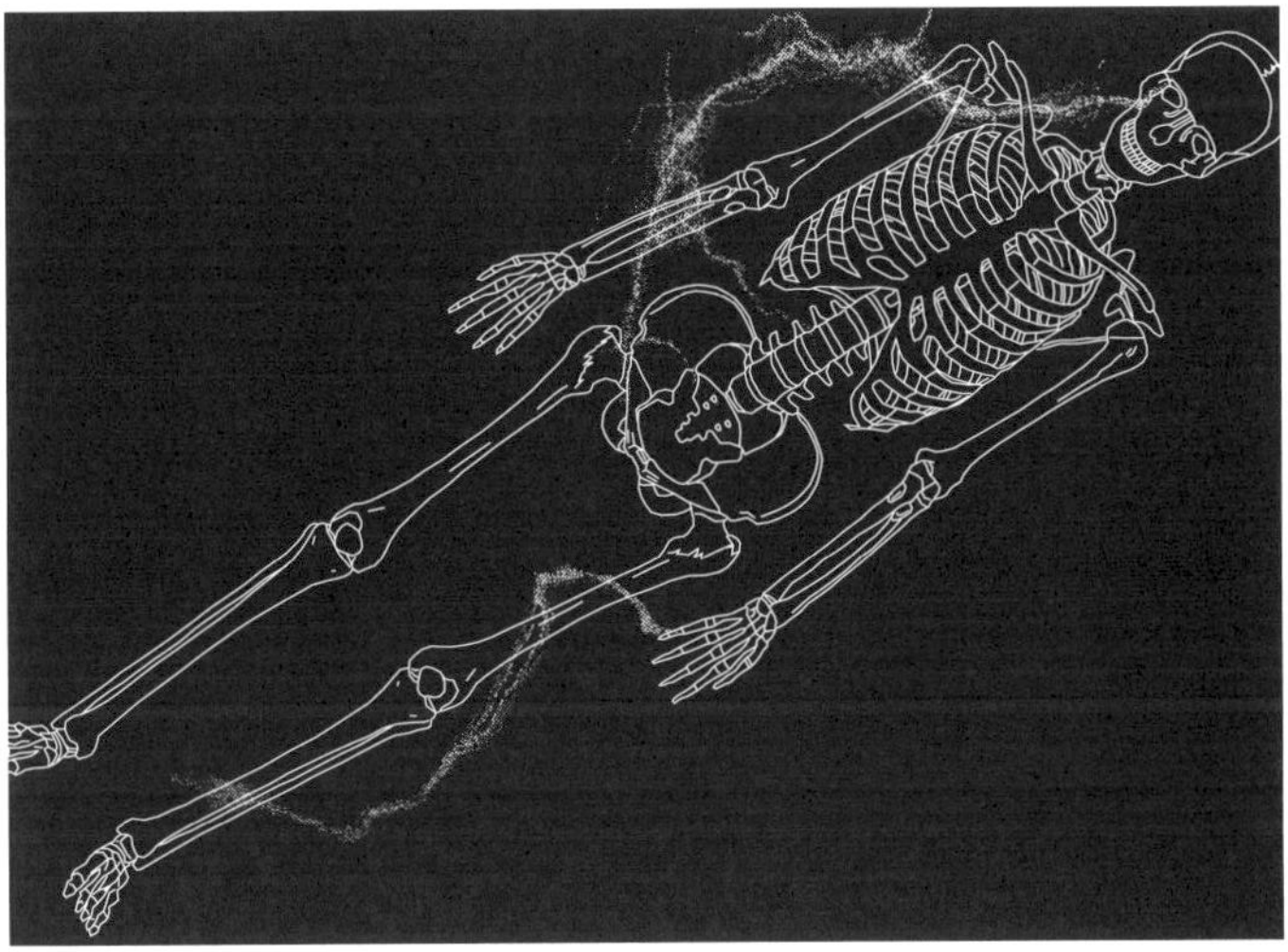

なった。
カラダの電気異常が起きている。このまま電気異常が続くと内臓とかも病気になるかもしれない。格闘技時代の危険な試合の恐怖を超えた恐怖感がやってきました。

それから集中力が変わりました。命の危険を感じたらいつもとは違うスイッチが入るのでしょう。意識で変わらないものは環境が変わればすぐに変わります。今までやっていた運動とは違った運動が無意識に出て来ます。スイッチが変わるとカラダは変わります。努力では届かないスイッチは確かにあるのです。
打ち合わせしながら、骨格の電位の変化を再確認していました。健康であれば足指から動かすとカラダは変わります。本当に重症になるとそれだけでは間に合いません。

カラダの歪みが激しいと身体中の電気的な流れが狂います。足指ではなく踵を意識してセルフで整えてみました。カラダが楽になりました。少し楽になると次に進めます。今度は骨盤の歪みをセルフで整えてみました。何度も繰り返すと楽が大きくなってきます。カラダの楽が繋がると歪みが整ってきます。12月の中頃、歩けるようになってきました。楽を繋げる。楽は絡と同じ読み方。経絡が正しく繋がるとカラダは楽が繋がって元気に戻っていくのかもしれない。


この経験も持って重症患者出張施術を行いました。ここでも素晴らしい戦績になりました。全て不思議なタイミングで起こった出来事。振り返ると機縁という言葉が思い浮かびます。

重症患者出張施術で全く歩けない人の骨に触れる。骨の電圧を上げるように。この上げ方には患者の形と触れる側の身体操作にコツがある。武術の型に隠れた意味は既に学んでいる。自分自身に起こった身体中に電気が走る痛み。それを自分で改善していった過程で武術の型の意味の理解を深めた日々。全く歩けない人でもある条件で骨に触れると筋肉がビクンビクンと動き始める。時には足が勝手に動いたりもする。これが武術の基本。

武術は意識の力を超えた不思議な力を本当に使うことが出来ます。自分の意識は変えられない、ただし環境が変われば何もしないでも意識はすぐに変わります。意識が変わればおのずと結果は変わります。

膝が全く動かない。少しカラダが変に動けば全身に電気が走って暫く動けなくなる。そして重症患者施術。物凄い環境の変化は意識を簡単に変えてくれました。

4 手技伝全国セミナー

DVDの売り上げが好評だったので今度はセミナーを開催することになります。

「手技伝」と新しい呼び名を販売元からつけて頂いて東京大阪名古屋福岡全国6か所で毎月1回半年間のセミナーが5月から10月まで始まります。

セミナー開催前に担当者に内容の確認をしました。セミナーもDVDのように誰でも簡単に出来る内容でやるんですよね！

すると担当者の答えは意外なものでした。

「いえセミナーは後継者を作るつもりでやってください」

それで良いのか？

スッと何かが流れた感じがしました。

心の中の何かがスッと綺麗に晴れた感じで遠くの何かが見えたような気がしました。この時間に自分では知らなかった新しい道筋に進んだのです。

ちょうど30年前ＵＦＣという新しい格闘技団体が旗揚げしてそれまでの常識を覆すような新しい格闘技が始まりました。

最も危険だと言われた第２回大会を見に行ってその流れに乗り込んで環境が変わって意識も変わって。

グレイシー柔術を学んだ時間。道筋の向こう側から呼ばれたような不思議な時間。

時を経て柳生心眼流を学び、格闘技にはない概念である活殺を知り、学び実践を繰り返し、何かが満ちた時にやって来た。

機縁としか思えないような新しい環境。

セミナーでは後継者を育てるようにという思いも寄らない話。セミナーの前に半年間の内容を作って社内会議で検討します。

知らずに出て来たのは、自分がやって来たことを半年間で全て教える～でした。

格闘技時代の経験やプロになる前の経験や心構えなどを自分だけでなく出会った素晴らしい

人々の話も交えて伝えます。

施術に関しては引退してからの学び。

これまで学んできた操体法～太氣拳～柳生心眼流、この3つを半年かけて伝えて、手技伝のDVDの施術を中心にそれ以外も伝えられるだけ。

これに従って行った全国6箇所セミナーは思いを超えた大きな収穫に繋がります。そして新しい道筋を照らしてくれる時間になりました。

不思議なものでセミナーが始まる頃には歩けるように回復して東京大阪名古屋福岡とひと月6会場でのセミナーでの移動も苦にならなくなっていました。

偶然のように作り出したセミナーの内容。

操体法～太氣拳～柳生心眼流。そして格闘技時代の経験。

素晴らしい会場で伝えることで自分自身も再び学びなおし、新たな発見の連続でした。

振り返りつつも、まさに今、現在進行形でもある最新の発見へ繋がる、それが本書の構成です。

半年間で同じものが別のもののように輝きを増した、不思議で素晴らしい時間。

人は環境によって意識が変わり意識が変わると全てが変わります。

大きなチャンスは大きなピンチと一緒にやって来る、そんなことを感じます。
危険な機縁は、最高の機縁になりました。
次章から意識が変わって見えて来た新しい身体論が始まります。

第3章

操体法から学んだ“スッと動く”

大阪でセミナーを行った際、操体法の先輩と後輩がサポーターとして参加してくれました。先輩は丸住先生。操体法の創始者である橋本敬三先生の元で学び施術をしていた大先輩です。

大分以前、まだ操体法が全然分からなかった頃。ネットで操体法の紹介の記事を見つけました。今先生（橋本敬三先生の元で施術をし跡継ぎにと言われた大先生）が文章を書かれたものです。今先生は仙台の実家から近く何度か施術所にもお邪魔させて頂きよくして頂いた先生です。文章の説明に丸住先生がイラストを描いた素晴らしい内容です。何度も見て学びました。本書に丸住先生がイラストを描いてくれる。時を超えた素晴らしいご縁です。


後輩は小松君京都で毎年セミナーを開催してくれています。京都にはアンディのお墓がある。毎年命日の少し後にセミナーを開催してくれて一緒にお墓参りに行ってくれます。

この二人の参加で手技伝の中で操体法が新しい輝きを手にすることになり、操体法での再発見は、新しい発見のコツを教えてくれました。この時間がここから続く太氣拳と柳生心眼流での再発見へと繋がるチカラをくれたのでした。これもまた機縁です。

◇1◇ 原始感覚

操体法は昭和の時代に宮城県の医師、橋本敬三先生が作り出した民間療法です。医師としてなかなか上手く治せない症状疾患に対して、カラダを動かしながら治すという方法を発見して数多くの患者を治し、ＮＨＫで操体法が取り上げられることで一躍広まった昭和の健康法です。番組では筋ジストロフィーの患者の症状を改善する映像が流れました。

操体法には臨床の技術以外にも沢山の橋本先生の教えがあります。人が何でカラダが悪くなるのか？　その原因は原始感覚が無くなったから。橋本先生はこう言っていたそうです。原始感覚とは？　それを説明するために橋本先生の言葉をいくつかあげてみましょう！

「人は生まれながらに健康に一生を過ごせるように神様が作った姿で生まれてくる。」

人には誰にも代わってもらえない自己責任の行動がある。〝息食動想〟は人には代わってはもらえない。〝息〟は呼吸。〝食〟は食事。〝動〟はカラダを動かす。〝想〟は想念、自分の考え方、自分の心。

全て自己責任で行う。それが乱れるとカラダに問題が起きる。どうして問題が起きるのか？

それは原始感覚が狂ったから。

原始感覚とは人が元々持っている生きるために必要な正常な感覚。現代において満員電車に乗れば自然に息を潜めるような呼吸になる。スマホやパソコンを使う時には自然に背中が曲がり、呼吸も浅くなる。食事は美味しい物が溢れ、安い値段で提供するために保存料や不自然な美味しさを作り出す調味料が沢山使われている。〝動〟は運動不足だけでなく、車や電車での移動は不自然な体勢を作り出し、舗装道路を靴を履いて歩くこともよくよく考えてみれば原始感覚から遠ざかる歩き方になる。人の運動の基本は歩くこと。〝想〟もストレス社会そして自然を感じることが都会の暮らしではやはり本来の原始感覚とは別の思考に流れやすい。原始感覚とは意識を超えた無意識の感覚と言い換えるとやわらぎと操体法の共通点が見えて来る。

橋本先生は100点満点でなくとも良いとも言っている。ただし40点だと落第だから、せいぜい60点くらいは維持するような暮らしをすれば大丈夫だとも言っていた。

橋本先生の教えは完ぺきを求めない。

頑張ると、威張る、欲張るって言葉、似てないか？　橋本先生はこんな話をしていたらしい。

全部「バル」って付いてる。威張るや欲張るに繋がる頑張るは良くない！

お会いしたことがない橋本敬三先生。操体法のサポーター二人と過ごす半年のセミナーの時間には操体法と橋本先生のお話を沢山しました。素晴らしい先生だったんだなと再認識した貴重な時間でした。

昭和の時代の〝息食動想〟は何もしなくとも現代よりも点数が高い。スマホもないし、コンビニもない。子どもたちは家に籠らずに外に出て遊んだ。

同じことをやっても元々の点数が低くなっている。その理由は環境に隠れている。

柳生心眼流でこんな話を聞かせて頂いたことがある。

江戸時代において柳生心眼流の型は効力を失ったと！

現代から考えると江戸時代の人々はとてつもない体力を持っている。ところがよくよく考えてみると戦国時代の体力は江戸時代の比ではない。

戦国の始まりにおける最大の戦力は馬。馬上で弓を引き、槍や刀を使うのが武術。馬が走るのはむき出しの大自然の上。時には河原でも戦は行われた。

そこで走り抜ける馬に乗り武器を操る戦の馬は直線を走る訳ではない。

戦国時代の体力は江戸時代を軽く凌ぎ、現代の想像を軽く超える。環境が意識を変え、意識はカラダを変える。

型の効力を失った柳生心眼流はある工夫をしたという。その工夫とは？

効力を失った型に再び命を吹き込むために行ったのが野稽古。道場を出て外で稽古をすることを野稽古と呼ぶ。柳生心眼流の門弟は斜めになった河原の土手で稽古を行った。

当時の柳生心眼流を他流の人々、そして近隣の人々はこのように表現した。

「斜めの土手で案山子のような動きをする」と！

しかし、その奇妙な動きをする人々は戦ってみると異常に強い！

よりバランスを取る必要がある場所、そこでよりバランスが必要な動きの工夫をする。意識ではなく無意識にカラダの可能性を引き出す工夫……ここにも意識で動かす筋肉を超えた力を知り、身につける工夫が見える。

操体法が生まれたのは仙台。昭和40年代。その頃僕は仙台に暮らす小学生でした。丸住先生が仙台の橋本先生の診療所温故堂にいたのもその頃。丸住先生のことはいつも丸先生と呼んでいるのでここからは丸先生とさせて頂きます。

セミナーの合間に丸先生と環境の変化の話をしました。当時の仙台は道路が舗装していない地域が沢山ありました。当時住んでいた家の周りの道は全部舗装されていない。舗装されていない道路には砂利が敷き詰められていた。砂利道を歩くと足先が無意識に反応して動きが奥から始まる。日常で一番奥から行う運動は歩くこと。

道路という環境の違いによって無意識にカラダの動きは良くなる。柳生心眼流の野稽古まではいかないが、現代よりも遥かにカラダが良かった時代。小学生の友達はみんな背筋が伸び元気だった。腰痛や肩こりの友達なんてたったの1人もいなかった時代。

環境によるカラダの変化と息食動想は密接に関係して、現代では環境の変化を考えて操体法を行うと失った効力が蘇る。こんな話をしたら……

丸先生はこんなことを聞かせてくれました。

「橋本先生は初めから言ってるよ。〝息食動想環〟と初めから言ってた。」

僕が操体法を学んだ先生は〝息食動想〟をきちんと教えてくれました。熱心に教えてくれたからなのだろうか。または当時の学びの容量がいっぱいになっていたからなのか？　環（環境）の話は記憶から消えていました。

改めて橋本先生の著書を読み返すと、〝息食動想環〟と書いてありました。

そうか！急に腑に落ちて来て、操体法が新しい輝きに変わりました。

セミナーで操体法の実技を見せる。

自分が習った操体法に骨格の理論を加えた新しい操体法。

それを見た丸先生が言った。「それ橋本先生がやっていたのと同じだよ。」

自分で気がついたと思っていたら、橋本先生の教えの抜けていた部分がいつの間にか勝手にやって来ていたことに気がついた瞬間。

操体法とやってきた全てが繋がり始めていました。

②〝息食動想環〟を繋げる操体法

手技伝セミナーではまず呼吸と姿勢を伝えた。操体法の〝息食動想環〟の一番初め。武術でも呼吸と姿勢を基本とする。受講生に立って腕を真っすぐに上げてもらう。可動域のギリギリまで上げてもらう。そのまま鼻から大きく息を吸う。吸ったら3秒位そのまま息を止める。3秒経つと可動域のギリギリだった腕がスッと上がる。3秒で可動域が大きく向上する。これは医学的な知識の応用。人は鼻呼吸の際に一酸化窒素を体内で作り出す。一酸化窒素の効用は多岐に渡り。可動域も多岐に渡る効用に含まれる。

人の呼吸は肺から直接酸素を送り込む訳ではない。肺の中の酸素と二酸化炭素の割合によりカラダは肺から血液を通じて全身に送る酸素の量を無意識に変えている。

肺の中の酸素の割合が多い場合には、血液を通じ全身に送る酸素の割合は少なくなる。肺の中の酸素の割合が低くなり、二酸化炭素の割合が高まった時には血液を通じて送る酸素の割合が無意識に多くなる。

簡単に言うと、運動をしていない時には酸素の必要量がそれ程多くない。運動をしなければ肺の中の酸素の割合は高い。酸素は生命維持に欠かせない。ところが必要以上に送るとカラダに良くない。過呼吸は極度の緊張などによって息を吸い過ぎて酸素の割合が増えると起こる。

橋本先生は〝息食動想〟はお互いに関係していると言っている。

つまり呼吸が乱れれば動きが鈍り、心が乱れれば呼吸も乱れる。

食事が乱れればカラダが乱れ、カラダの乱れは動きの乱れに繋がる。

この反対も当然起こる。動きが乱れた時には呼吸を整えれば動きも改善する。呼吸が乱れた時には心を整えれば呼吸も整う、等。

〝息食動想環〟はお互いに関係し合い補い合ってもいる。美味しい食事をみんなで食べればカラダも心も元気になる。その時には良い呼吸にもなっている。

今度は真っすぐ上げた腕の指先を真直ぐに伸ばす。指先が真っすぐに伸びると腕も伸びる。意識を超えた不思議なチカラが腕の可動域を更に向上させる。

次は真っすぐに伸ばした指を手の平から開いたり閉じたりする。限界だった腕の可動域は更に向上する。

100歳を超える人々が多く住む地域では、食も自給している人々が多い。食物は人工物ではないので、手の平から指を動かし、全身を上手に使って作業を行う。意識して筋肉を伸ばすストレッチでは到底届かない効用が自然に触れる動作に隠れている。

自然に触れて作業すれば、気分も晴れて来る。家の周囲で収穫した食べ物は季節の土の物。これもまたカラダに良い。息食動想環は確かにお互いに影響し補い合っている。

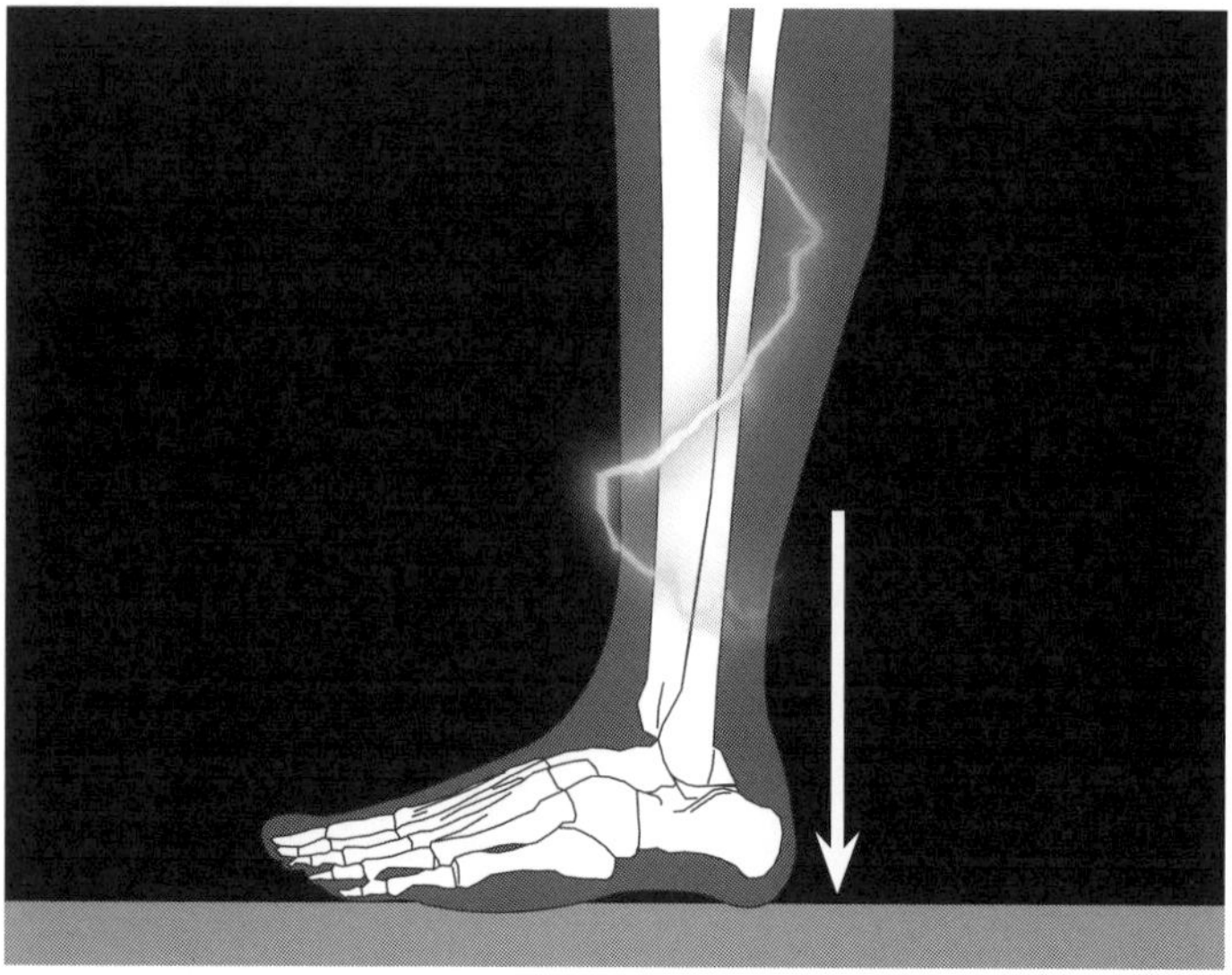

今度は立ったまま腕を伸ばして、そのまま踵を少し上げてスッと降ろす。たったこれだけでまた腕の可動域が向上する。足元の不安定を意識的に行い、無意識の動きを引き出す。無意識は環境と動作に大きく影響される。安定した場所で意識的に、無意識を引き出すには意識的に不安定な動きを加えれば良い。骨格を正しく使い動作を行い止める。

この場合は腕を上げる。そのまま踵を上げて降ろせば、通常の骨格の電位にもう一度動かしたことにより更に電位が高まる現象が起きる。高まった骨格の電位は無意識を受信するカラダの未知の器官を通じてカラダ全体に指令を送り、その結果可動域が無意識にスッと向上する。この原理は全ての動作に共通する。

操体法で行う、胸を張って腕を伸ばし、大きく振りながら足踏みする運動。

操体法には胸を張り大きく腕を伸ばして大きく振りながらその場で足踏みをするという運動がある。姿勢を正して乱さずにその場で足踏みをすれば、足踏みすることで段々骨格の電位が高まってゆく。この足踏みをやると元気になる。元気は元の気。カラダをまとめ流れる未知の電気的存在が正しければカラダは元気でいる。

元の電気が元気。この場合の電気は生活で使う電気とは異なる。カラダには電気的なものが存在し、電位は変化する。心電図や脳波はこの未知の電位の量を測定する。未知の電気の詳細は未だ解明されてはいない。

人は生まれた時に一生を健康に楽しく過ごせるカラダを持って生まれます。生まれた場所で一生を健康に楽しく過ごします。生まれた場所は本当は人の手の入っていないむき出しの自然の場所です。人の手を加え過ぎれば神様が用意してくれた場所から遠ざかり、そこで一生を健康に楽しく過ごすはずのカラダは戸惑い、様々な問題に繋がっていきます。

橋本先生はこれを「救いと報い」と言っていました。

「救い」は生まれながらに一生を健康で楽しく過ごせる肉体を持って生まれてきたこと。

「報い」とは自分たちが勝手に色々と作り替えたことによって起こる様々な問題。

〝息食動想〟の様々な問題は実はほとんどを自分たちが作り出しているのでしょう！

3 般若身経

操体法には日常で行う健康体操があります。それを般若身経《はんにゃしんきょう》と呼びます。初めて聞くとあれっ、ここは宗教に関係あるのか？なんて思ったりします。宗教の般若心経は心の経と書き。操体法は般若身経は身の経と書きます。〝心〟の部分を〝身〟に変えてあるのが操体法の般若身経。宗教の般若心経は数あるお経の中で一番短いお経です。

操体法の般若身経は一番短い健康体操です。人間のカラダの動きは無限にある。無限の動きの基本を抜き出してみると案外少ない。カラダを動かす基本は立って前後に動かす。左右に倒す。左右に捻じる。それと伸びると縮む。この4種類。そのうちの3つ、前後と左右に倒す、左右に捻じる。この3つの組み合わせで、カラダの動きは無限に広がっていく。だからこの3つの運動をきちんとやると日常のカラダの動作の基本が全部出来る。

橋本先生はこんなことを言っていたそうです。お坊さんだって初めからお坊さんな訳じゃない。毎日お経をあげてるうちに段々坊さんっぽく見えて来て。それから段々本当のお坊さんになっていく。

般若身経も同じ。毎日お経を読むように毎日やってると段々健康になっていきます。毎日やるんだから短い方が良い。だから般若身経、宗教ではなく茶目っ気を感じるネーミング。お会いしたことがない橋本先生。この話はとても素敵だと思います。苦労して健康になるのはどうも違うような気がします。苦労すれば心が苦しい。心が苦しいとカラダも苦しくなっていく。心とカラダはお互いに関係している。“息食動想環”で橋本先生はそのことを教えています。

柳生心眼流が江戸時代に型の効力を失った話から般若身経においても効力が薄れていると感じ

般若身経

人間の営みの最基本である3つの運動。これらに複合して現れる「伸びる・縮む」を加えた4つを組み合わせると、カラダの動きは無限に広がっていく。

すなわち、無限にある人間の日常動作も、この3つを健康体操として日々行うことによって、すべての基本が養われることになる。

1　前後に動かす

2　左右に倒す

3　左右に捻る

自然に立ってカラダを捻る動作を行う。

空手の引手のように、手を脇に取ると、しない時よりも大きく捻ることができるようになる。

これは、手が脇腹を擦ることによって生じた圧が体内に電位変化を発生させ、それが通常の意識的な指令系統でない、無意識下に働く指令系統を覚醒させたことによる効果。

引手をして捻る

引手なしで捻る

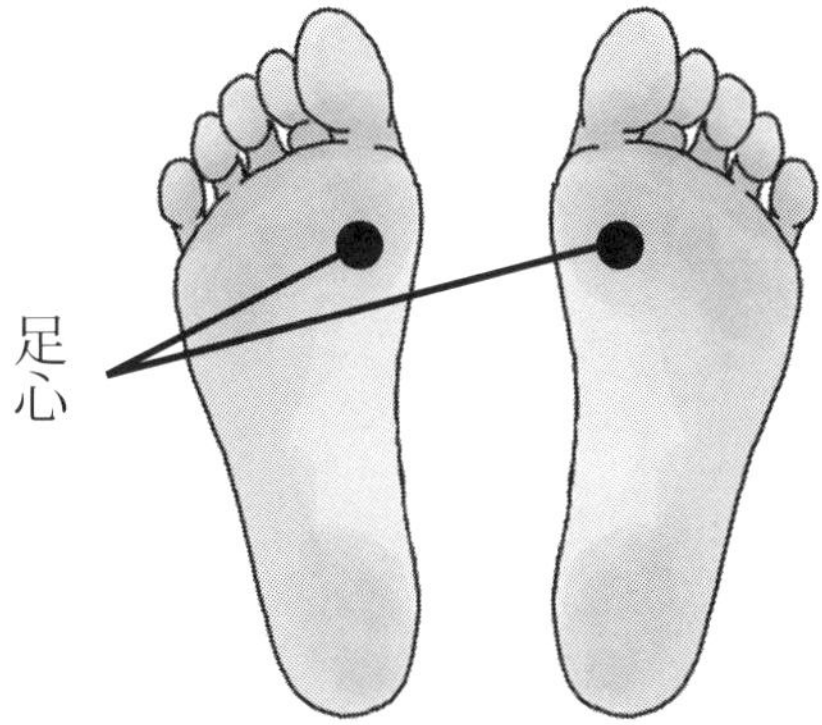

ていたので、骨格に関する工夫を加えたものをセミナーで教えました。

空手の引手のように脇腹を擦る等。骨格を動かす時に電圧が高まることで、意識では届かないもう一つの運動指令、無意識の運動指令によってスッと可動域が向上する。

般若身経の基本をやりながら、踵を浮かす、首を動かす、等をやると般若身経の効果が高まり、輝きが増します。

参加者の多くが自分の健康にも大きな興味を持ってるので、般若身経を家に帰っても熱心に繰り返す。セミナーの半ば頃になると毎日やっていたら健康度が上がったという嬉しい言葉も沢山やってきました。

操体法の立ち方とカラダの動かし方の基本に足心《そくしん》（足の親指の付け根辺り）に重心を置くという立ち方があります。そのコツをきちんと守って般若身経や教えた健康運動を熱心に毎日やってくれたのでしょう。ある日参加者から外反母趾が治ったという凄いコメントが。嬉しそうに見せてくれた親指は確かに真っすぐになっていました。凄いな、人は真剣になれば自分で外反母趾とか治せるんだ。教えながら教えてもらう。セミナーは段々と形が変わっていきます。

毎月全国で6回セミナーを行いました。熱心な受講生に引っ張られるように何かが出て来ます。般若身経をやると前後や左右でやりにくい方とやりやすい方が出て来ます。操体法ではやりやすい方をやることでやりにくい方の可動域を向上させます。


大阪のサポーターにはトレーナーをやっていて筋肉などに詳しい岡田君がいます。彼は神戸でストライプル（僕の主催する格闘技道場）の支部長もやっています。

心臓にペースメーカーを入れているクライアントがいて、心臓側に強い運動刺激は入れられないので、無理の無いカラダの部分でだけトレーニングメニューを作って運動指導する。

岡田君が言うには、人のカラダはバランスを取ろうとするので左を動かさないで、右だけを鍛えたとしても左右の大きなバランスが崩れないようなトレーニングのやり方がある。

上手くやれば弱い方を無理に鍛えないでもカラダがバランスを取るので、全身が整うようにも鍛えることが出来る。

そう言えば格闘技のプロの時代痛めた場所は安静にして、出来る部分だけを鍛えていたら、痛めた部分が治る頃にはそれ程筋肉が落ちていなかったのを思い出した。

操体法ではやりやすい方をやる。やりにくい方を無理に動かすと苦痛でカラダが縮んで歪むようになり、それは左右に広がっていく。やりやすい方を気持ちよく動かすようにすると、カラダは気持ちよく広がるように可動域が向上する。向上はカラダがバランスを取るように反対側にも届く。その結果として動きにくかった方の可動域の向上に繋がる。

100歳を超えて長生きする地域の人々は自然が豊かな場所でカラダを使って生きる。自然に触れればカラダは奥から動く。生活で行う全てはなるべく楽な方が良い。農作業でウェイトトレーニングのように筋肉に短時間で効果的に効かせるなんていう動作はするはずがない。日常の作業は筋肉が効率良くより長い時間疲れないで動くことが大切になる。

なるべく楽に動くには全身をバランスよく繋げる。より疲れないように骨格のテコも上手に使えるように自然に動かす。腰に負担がないように他も部分も上手に繋げて動く。全身の骨格が動きの中でバランス良く繋がれば骨格全体の電位が高まりその作用により筋肉のチカラが勝手に向

〝やりやすい方〟をやることによって〝やりにくい方〟が改善する（操体法の大原則）

例えば、前屈がやりやすく後屈（反らす）がやりにくい場合、やりやすい前屈動作を繰り返すと、その結果として後屈がやりやすく変化している。これは、対になっている筋肉群で〝やりにくい方〟を妨げていた筋肉（前面の筋肉群）が、やりやすい方の動作によって緊張がほぐれ、ゆるむため。

1 〝やりやすい方〟を繰り返す

2 その結果として、〝やりにくい方〟が改善している

上する。

カラダの一部にだけ負担をかけないで、楽な方のカラダの部分に助けてもらう。その原理でカラダを繋げると100歳を超えても元気に動けて、元気に日常を過ごせる。きつい方には無理をさせない。楽な方に動かす（繋げて助けてもらう）。操体法の原理と繋がってきた。楽な方向とは無理のない方向と言い換えることも出来、楽とは無理なく全身を繋げると言い換えることが出来る。

余計なことを考えないでカラダを動かすとカラダは勝手に最適なバランスを取って動いてくれる。日常の作業では余計なことを考えないで、ただカラダを動かす。なるべく楽に疲れないように動く。日常でカラダを使って過ごす地域では幼いころからカラダを使って家の手伝いをする。幼い子供はそもそもチカラがない。本能的に最適な動きを行う。

本能的な動きとは無理のない動きでもある。

そのまま大きくなって100歳を迎えたら、無理をしなかったカラダが残る。だから元気で笑顔の長寿に自然になるのだろう。自然も決して無理はしない。

そうかバランスか？　般若身経をやって動きが悪い部分の骨格を動かす。腰が痛ければ骨盤を般若身経で一度可動域を高めた状態でもう一度動かす。これでも可動域は高まる。

もっと楽に出来るな！　やりやすい箇所を動かせばカラダが勝手にバランスをとってくれて可動域が高まる。体の中で動かしやすいのは腕。般若身経をやって可動域の限界で腕を動かす。それだけで可動域は向上する。もちろん首や足でも向上する。ただし腕が一番簡単でやりやすい。

ここで他のアイディアがスッとやってきました。

本書の後半でも書きますが、カラダの動きと動かす回数にも関係性があります。よっこらしょと掛け声をかけるとチカラが出ます。よっとこらしょと3回。声を出しながらなので一呼吸で3回動作を行います。詳しくは後程。とにかく3回という回数には不思議なチカラがあります。

腕の動きを3回般若身経に加える。それだけで簡単にしかも楽に可動域が大きく向上します。般若身経をやりながら胸の前辺りで腕を曲げてグルグル3回回す。これだけでカラダはスッと変わる。グルグル回すアイディアの元はムエタイのワイクー。ムエタイはタイの国技。

立ち技格闘技最強の異名を持つキックとパンチそして肘と膝を駆使して闘う打撃格闘技。ムエタイは試合前にワイクーという独自の舞のような動きをリングで行う。その中で腕をグルグル回す動きがある。ムエタイ選手は試合前にワイクーを踊ると調子が良くなるという。ワイクーには柳生心眼流の型と似ている動きが多い。

格闘技の経験と武術と操体法が繋がってきた。骨格の動きを引き出すように出来るだけ力を抜いて動くと般若身経の可動域は更に向上する。格闘技で力みはご法度。上手く肩の力を抜く。短時間で疲れるような動きは格闘技では御法度。なるべく楽に大きなチカラを効率良く引き出すのは格闘技も同じ。格闘技は46年やっている。試合でも肩の力は絶対に抜く。

腕を3回グルグルはセミナーの6回目最終日に気がついて受講生に教えました。みんな熱心なのでセミナー終了後も全国のサポーターで事務局を作って定期的に教える日々が待っていました。次は肩の力の抜き方とグルグル3回を組み合わせることを教えよう。


教えることで教わる。

まだまだ手技伝を通じて色々なことが分かって来る。

気持ち良さとは！

操体法を学んだ時に教わった大切なキーワードは〝気持ち良さ〟。

教えて頂いたのは三浦先生。三浦先生は、橋本先生に「東京に出て操体法を広めてきなさい。」と言われた先生。橋本先生からの信頼が大きかったんだろう。

三浦先生の元で操体法の講習が終わった時にこんなことを聞かせてくれた。

これからは本当の気持ち良さって何か？

それを見つけると良い。

それが見つかったら何をやってもいいぞ！

あの頃分からなかった意味が段々と分かってきた。

4 技のポイントは〝気持ち良さ〟

大阪セミナーをサポートしてくれた丸先生は操体法しかやっていない。武道や武術なんか何も知らない。だけど素晴らしい動きをする。

腕を捕られてそこからスッと簡単に抜けたりも出来る。

やわらぎセミナーでは手捕りや手解き等の武術の基本もやったりする。

丸先生は京都のやわらぎセミナーにもいつも来てくれる。

セミナーの技を見て丸先生が「そうか！気持ちよくやると良いんだ。」そう言ってからすぐにやった。

すぐに出来た。

なんだこの人は……

三浦先生から教わった柔道が面白かった。

随分前のこと、ゴールドジムで操体法のセミナーをやった時、ゴールドジムの格闘技スタジオを借りてやったから、下には格闘技用のマットが敷いてあった。

それで他の操体法のメンバーにセミナー前に柔道やろう！と提案した。

三浦先生の柔道は綺麗だった。チカラを感じさせない綺麗な動きで相手をスッと投げる。とても綺麗な柔道だった。

綺麗に投げた三浦先生は笑いながら、優しく抑え込みを極めた。

三浦先生の笑顔と真逆のように、押さえられた相手は苦悶の表情。

終わってから三浦先生が聞かせてくれた。「へそでへそを押さえるんだ。」

その時の抑え込みは袈裟固《けさがた》め。仰向けに寝た相手の首を両手で持って抑え込む。プロレスのヘッドロックと同じ動き。

だからへそはどう見てもくっついてない。

時を経て段々分かって来る。

学びは時を重ねないと深まらない。

カールゴッチさんのレスリング。ＵＷＦのレスリングの源流。

ゴッチさんは抑え込みに関してこう教えていた。

直接ではないが教わった基本は「鳩尾《みぞおち》で鳩尾を押さえる。」


これも常に相手と鳩尾を合わせることは難しい。

袈裟固めでへそ。この一言で疑問が解けた。

自分のへそにチカラを集める。相手のへそを押さえるようにカラダを使う。

鳩尾とへその違いはおそらく東洋人と西洋人の身体感覚の違い。どちらも直接その部分を重ねる訳ではない。


２つの教えはカラダの部分ではない。身体感覚だったのだ。気持ち良くへそでへそを押さえると不思議なチカラが出て来る。

丸先生の気持ち良さ。三浦先生の柔道。どちらも気持ちよく動くのがコツ。

橋本敬三先生は東北大学の合気道部の顧問だったといいます。橋本先生も合気道は未経験。

東北大学は国立大学の中でも名門校。口だけの指導を聞き入れる訳がない。

橋本先生は気持ち良く動くことを指導したという。

仙台の高校野球の名門校である仙台育英は母校。僕がいた頃は宮城の名門校に過ぎなかった、甲子園の常連ではあるがなかなか勝てないレベル。

卒業して初めて甲子園のベスト8に入った。

その時に操体法の指導が活きたと聞いたことがある。その時の指導者にも、もちろん野球に詳しい人は誰もいない。ただ気持ちが良いように野球をするように教えたと聞いた。

三浦先生の元で操体法を学んだ時、他の受講生の言う気持ち良さは共通していて、お風呂に入っているような気持ち良さみたいな感じだった。

そうなんだと思っていた。

そのうちにそれは違うような気がしてきた。お風呂に入っているような格闘技は存在しない。

丸先生の動きを見て武術と同じだと感じた。丸先生はただ気持ち良く動くという。

自分の感じた操体法とは全く違う。

そして格闘技や武術の上手い動きと同じだった。時間が重なると答えが出て来た。

本当の気持ち良さは、何も感じない。


100歳を超える人々は日常でカラダを使って全てを行う。

馬に乗る時、薪を割る時、農作業や家事や日常の作業の全て。

気持ち良く動くというのは何も感じないで、スイスイとカラダが楽に動く。

楽であることさえも感じない。無理をすれば辛さを感じる。サボればなんだかモヤモヤを感じる。ただ何も感じない。それが無理せず最適な動き。

日常の作業をしている時にカラダの感覚はなく、空の青さとかをたまに感じたり、太陽が気持ちが良いとかもたまに感じたりする。

仲間と作業する時には楽しくお喋りをしながらやる。その時にもカラダの感覚は消えている。

格闘技でも試合で勝つ時にはカラダの感覚はない。

鮮やかなKOとかする時には当たった部分にも感触がない。

走る時に調子が良いと何も感じないのに早く走る。スイスイと早く走る時にはカラダの感覚はない。

カラダに何か感覚が出て来ると遅くなる。全て無理せずに最適な動きをすると起こる身体感覚。

カラダのどこにも何も感じない、それは一番気持ちが良い。

5

操体法が教えてくれた〝スッと動く〟

橋本先生の著書を読み返すと同じことが書いてあった。健康な時には人は体のどこも感じることはない。

何かを感じるのは違和感が出たから、カラダがそれを教えてくれる。それでも気がつかないで自分勝手に使うと段々痛くなる。

内臓なんかいつも動いて働いてくれる。

それなのに何も感じない。

内臓の何かを感じるとカラダが気をつけるように教えてくれる。内臓が痛くなったら病気。

ただ気がつかないまま20年近くが過ぎていた。

ぼんやり見えていたことが手技伝セミナーを通じて丸先生と毎月会うことで鮮明に繋がった。

人が健康な時にはカラダを感じない。何かを感じる時にはカラダが教えてくれている。

カラダは言葉で伝えることが出来ない。だから人には感覚がある。

お腹が空いた。この感覚がなければ餓死する。

お腹がいっぱい。この感覚がなければ栄養過多で病気になる。

カラダが痛いという感覚が無ければ壊れるまで使う。

この感覚を神様は適切に人にくれた。

これを原始感覚と呼ぶのだろう。


最高の原始感覚は何も感じない。ただカラダがスイスイ動く。

原始感覚を乱すのは環境。生活する環境が便利過ぎるとカラダは楽をし過ぎる。

度が過ぎれば言葉を持たないカラダは感覚で教えてくれる。

自然が豊かな地域で自分たちで作物を作りそれを食べる。

無理はしない生き方。


カラダを使って無理なく生きる。それだけで原始感覚を感じやすい。カラダのどこにも違和感が無いのが最高に健康な時。

文明は便利な一面、自然に反して無理をしているようにも感じる。

現代の不定愁訴の隠れた原因は便利過ぎる暮らし。頭は便利で楽しく、カラダは違和感を感じ感覚で訴えかけている。

カラダの正しい原始感覚は何も感じない動き。

操体法では動きやすい方向と動きにくい方向の動きを動きやすい方向に動かすことでカラダを良くする。

「動きにくい方向の動きから逃げるように動け。」

これが橋本先生の操体法の教え。

逃げる時には気持ちが良い訳がない。

敵につかまって逃げる。その時にお風呂のような気持ち良さでは逃げきれない。

必ず途中で捕まってしまうだろう？

逃げる時に大切なのはなるべく冷静に行動すること。冷静な時には人はカラダを感じない。

焦ると呼吸が乱れ血圧も心拍数も上がる。

スッと逃げる時人は何も感じない。鬼ごっこでうまく逃げる時何も感じない。

幼い頃を思い出すとそう感じた。

痛みから逃げるように動く時には何も感じない動きをして逃げる。何度か逃げると動きにくい方の動きが良くなる。痛みに歯向かうのは辛く気持ちは良くない。

命も何も感じない。感じない時はカラダの調子が良い時だったりする。

おそらく脱力とは無理せずに最高の動きをして何も感じないことを言うのだろう。

古い時代の中国まだ統一されていない時代、大陸と呼ばれた時代。

こんな逸話がある。


駄目な政治は国の民に不満を抱かせる。

普通の政治は国の民に喜ばれる。

最高の政治は国の民に政治があることを忘れさせる。


最高とはそれがあることを感じさせないこと。

操体法を手技伝セミナーで伝えて見えてきた、教えながら学びなおした素晴らしい機縁の時間でした。


セミナーの操体法の次は、大陸と呼ばれた時代の中国武術を源流とする太氣拳を教えました。

操体法は動かしながらカラダを良くする。

太氣拳は動かない鍛錬法である立禅が有名です。

立つことの奥に隠れた秘密とは？

動きの奥に隠れた秘密が見えてきました。

ここでも機縁がどんどんやってきます。

第4章

太氣拳から学んだ“スッと動く”

1 氣とは？

太氣拳とは日本人の澤井健一先生が、戦時中の中国において意拳の王向斎先生の道場破りのように出向き、手も足も出せない程に負けその技量に感銘を受け学び、日本に帰る際に伝承の許可を得たもの。日本で伝える際には太氣至誠拳法と名称を変えた。

山岡鉄舟の「至誠天に通ず」を元に、至誠を持って取り組めば天に通ず。通じた時には大いなる氣を知ることになる。戦時中の中国で行われた占領下にある中国人武術家と日本軍の武術教官でもあった二人の交流。それは現代からは想像もつかない。敢えて大いなる氣に至る道に至誠を加えた澤井先生の深い心にも想像するだけでは届かない大いなる何かを感じる。

僕が太氣拳を学んだ師は島田道男先生です。澤井先生の命で1985年に太氣拳の道場を開設されました。

澤井先生の死後は道場を一時閉鎖していましたがその後新宿で再開。新宿で島田先生に太氣拳を学びました。

王向斎先生の站椿（たんとう＝太氣拳で言う「立禅」）。
ただ立つだけのように見えて、強力に氣を養う効果を持つ。

太氣拳の特色は意拳と共通します。ただ立つだけに見える立禅《りつぜん》。そこに秘密が隠れています。

太氣拳の創始者澤井健一先生そして源流である意拳の創始者王向斎先生の残された言葉を島田先生を通じて聞かせて頂きました。武術とは現在の師を通じて先代そしてその先代と繋がるように稽古をします。流儀の歴史の中の大切な教え。それを伝えることを口伝と呼びます。

太氣拳で大切にするのは氣。氣とは何なのか？

現代においても氣という言葉は存

在するがそれが具体的に何なのか？

それを具体的に指し示すものはない。


氣というものを説明する口伝は存在する。

カラダが動く前に動く存在。

ここから意識を想像する。

カラダが動く前には意識が働く。だから意識を高める。


もう一つの口伝。

熱い物に手が触れたら意識を超えてスッと手を離す。「熱いから手を離せ！」と脳が命令する前に体が動く。

これが氣の働き。

意識も当然氣の働き、カラダの動きに関係する。ところが咄嗟の反応は意識を超えて働く。

また本書の後半に詳しく書くが、ベンジャミン・リベットというカリフォルニア大学名誉教授により発見された医学に基づく理論は世界に衝撃を与えた。人の意識は実際の行動よりも0.5秒遅

れているという医学的発見がある。人が感じる意識はカラダが動くよりも0.5秒遅れて感じるという。

つまり、「動こう」と思うよりも速く、カラダが先に動いているというのだ。

意識は状況によって感じる速度が違う。格闘技で相手が速く感じたり遅く感じたり。同じ相手との試合中でも自分の心身の状態によって感じる速度が変わる。緊張すれば意識と実際の動きにずれが生じ、思ってから動くまでの時差は大きくなる。

またベンジャミン・リベットによる発見に、0.5秒の通常の意識を超えた早さによって咄嗟に動く時に通常ではあり得ない動きをするという発見もある。この発見を元に数の理論を加えると咄嗟の動きのような素早く力強いカラダの働きを簡単に引き出すことが出来る。

咄嗟の反応は意識を感じない程の速さがあります。これも格闘技の時代に何度も経験しています。思わず技が出た時には何も感じない。そして鮮やかに勝つ。やられる時にも同じことが起きます。相手の攻撃は意識を超えた速さがあります。試合が終わってその映像を見返しても、攻撃は特別速くはなかったりします。この原理は柳生の〝石火《せっか》〟という口伝とも通じます。詳しくは本書の後半で書こうと思います。

王先生は意拳を作り出す前に形意拳をやっていた。

ある日周囲の門人の動き（套路）を見てあれには意味がないと悟ったという。套路とは空手の型のような決まった動きを一定の流れの道筋を動きながら繰り返す稽古の名称。

そこで王先生は形意拳から〝形〟を除いて意拳を作りあげたという。〝形〟に意味がないとは一体何なのだろう？

格闘技には型はない。ただし基本の技があり、基本的なコンビネーションもある。上達すればその基本を自分なりに組み合わせてシャドーボクシングとして練習をする。

格闘技でもシャドーボクシングが上手いのに弱い選手は沢山いる。その反対にシャドーボクシングが下手でも強い選手も稀にいる。動きを超えた何かは確かに存在する。

格闘技の経験上それは知っている。全くの初心者が基本のテクニックを覚える時には意識があっても大切になる。意識を高めて動きが良くなってもそのままでは動きが良いだけでそこに強さは乗らずに意味がない。


何となく意味が見えて来たような気がした。氣とは意識を超えた不思議なもの。熱い物に手が触れた時に起こる咄嗟の素早い動き。格闘技で言えば相手に悟られない初動の早さがこれに相当する。


太氣拳を学んでいた時に島田先生が教えてくれたことが繋がってきた。その教えとは立禅で出て来た感覚。それが動いた時に消えたら意味がないと教えて頂いた。

これを格闘技に当てはめてみると、格闘技は試合中の全ての時間に良い感覚でなければいけない。ほんの数秒集中力が切れたりバランスが崩れたら、その瞬間を相手にとらえられた時、物凄いダメージになる。同じ攻撃でもその時の自分の心身の状況によってダメージは大きく変わる。

強い選手は試合中バランスが崩れない。呼吸も乱れない。同じ動きでもバランスと呼吸が乱れれば、とても弱い隙だらけの動きになる。

②操体法と立禅

手技伝セミナーは全6回。その中で自分の経験を全部伝えながら手技のテクニックを伝える。テクニックを覚えるのはDVDを見ても出来る。テクニックを使う際に必要なのは使う人のカラダ使い。カラダの使い方のコツは表面ではなく奥に隠れている。テクニックではなく自分自身のカラダを変える。DVDでは届かない内容をセミナーで行う。担当から言われた〝後継者を育てる〟つもりで。

それには動きの奥に隠れるカラダの秘密を伝える。セミナーのメニューを決める時には全く意識していなかった。ところがまるで形意拳の〝形〟ではなく〝意〟にこそ本当の秘密がある。王先生の言ったことを形を変えてやっていた。これもまた不思議な機縁。

全6回の中で操体法は第1回と第2回の半分まで。第2回の後半と第3回が太氣拳で残りの3回は柳生心眼流に当てた。第2回の前半は般若身経の復習。そして午後の後半には立禅を教えた。

立禅

足は肩幅に開き、膝を少し曲げる。両腕は大樹を抱くように丸く胸の前におく。“骨格”で“真っすぐ”立つよう心がけ、カラダのうち負担に感じているところを抜いていく。

同じ日の午前と午後に操体法と太氣拳をやった。それが自分でも気がつかない発見に繋がってゆく。立禅はただ真っすぐに立つ。両腕を丸くして胸の前におく。1年や2年でも結果はなかなか出て来ない。武術は本来時間をかけて習得する。立禅を説明しても当然すぐには出来ない。立禅は動かないので楽にも思えるが、実は動かないで止まっている方がカラダを動かすよりも辛い。立禅で疲れが見えて来たので、もう一度般若身経の復習をしながらカラダをほぐそう。ただそれだけの思い付きだった。

般若身経でカラダを動かす。その間に立禅を組み込む。般若身経だってそんなに急に上手にはならない。午前中だけでは足りない。般若身経と立禅を交互に繰り返す。受講生に見本を見せる。自分でも交互に繰り返す。

そのうち不思議なことがカラダから滲み出て来た。

般若身経はカラダを動かしながら良くする。立禅は動かないでカラダを良くする。全くの正反対で同じようにカラダを良くする。交互に繰り返すとお互いが良い影響を与えるように般若身経の動きが良くなって、立禅の安定とリラックスが高まって来る。

受講生に伝えながら自分のカラダを注意深く感じる。格闘技の動きの記憶が出て来た。パンチやキック攻撃と防御の一つの動きを良くする。間髪入れず次の動きに繋げる。それを続けるのが格闘技。単発が出来ても強さにはまだまだ遠い。カラダの安定とリラックス。

動きを良くしながら、動きと動きの間に隙を作らない。動く練習は誰でもするが、動きの間の安定と集中はあまり意識しない。ここを意識すると試合全体の隙がなくなって来る。動いている時間の全てにこれが出来れば咄嗟の反応も早い。

ボクシングの元世界王者の平仲さんがボクシングのコツを聞かせてくれたことがあります。試合中のどんな時でも構えが崩れないで、同じ構えからどんなパンチでも打てれば強いボクサーになれる、と。どんな時でもとは、相手の攻撃をかわした時、ブロックした時、自分が攻撃を終えた時など全ての試合中の状況が含まれます。動きの合間に常にリラックスと安定と集中を切らさない。そのためにはいつでもすぐに最適の動きが出来る構えを崩してはいけません。

構えのコツは形ではなく内側にあります。動きの結果が形、形を作る前に起こるカラダの内部の動き、それを安定させると本物の強さに変わります。

これは全てのスポーツにも同じことが言えます。サッカーで試合中にバランスが崩れない選手は常に高いパフォーマンスを発揮出来ます。100歳を超える人々も日常の作業は綺麗で崩れません。

バランスの崩れはカラダに余計な負担を与えます。余計な負担は動きに負荷をかけます。そのまま続ければやがてカラダの負担が健康を害するようになってきます。無理なく最適のバランスを維持しながら動く、これは全てに共通するコツなのです。

カラダが動く前に動くモノ、カラダの中心にあるバランス。バランスは目には見えない。バランスは次の動きの大きさと早さにも当然大きな関係があります。

今まで見えてこなかった立禅の意味合いが段々と見えて来ました。人間の動きは変わらない。だから本当のコツも変わらない。人間には個性がある。だから同じコツの表現方法は名人の数だけ存在します。名人のコツを本当に理解すれば、きっと全部同じコツなのでしょう。

3 立禅と骨伝導

骨格の電圧の変化は武術の時代には、科学的に知られていませんでした。操体法の橋本先生は骨格の動きを取り入れて大きな効果を出しています。

午前中の操体法と午後の太氣拳でお互いを活かすコツが見えて来ました。今度は自分でどんどん試してみます。

立禅の際には極力全身のチカラを抜く。操体法で見えて来たチカラの抜き方。感じるチカラをどんどん抜いていく。そうすると骨格を感じ始める。立禅をやりながら違和感が出た箇所の骨格を動かしてみる。動かして元の位置にスッと戻すと、スッとカラダの中に何かが流れる。骨格の電位の変化によって筋肉の奥がスッと動く。肩が辛いなら、肩を動かすよりも他の楽に動く箇所の骨格を動かす。これも操体法での再発見。辛いと感じる箇所を直接動かすよりも、他の個所を動かした方がより気持ちよくスッと大きな流れが繋がっていく。

今度は立禅をやってその感覚を繋げて前後左右に少し倒す。感覚が消えない範囲で無理なく欲張らないように倒す。左右に捻じってもみる。

出来るだけチカラを感じないように注意深く動かしてスッと止まる。骨格を動かしてスッと止めると骨格の電位が高まる。そうするとスッとカラダの奥の動きが流れるように出て来る。この感覚はゆっくりとやらないと感じない。だから太極拳などの動作はゆっくりとやるのだろう。ゆっくり動くと無意識に出て来るカラダの奥の流れるような動きを感じることが出来る。感じることが出来れば今度はその動きを更に大きく繋げることが出来るようになってくる。素早く動くとこの内部の動きは感じない。素早く動く時には自分の感覚は消える。実はこれが正しい。格闘技の

骨の電位変化がもたらす作用①

◎第2の運動指令系統発動

人間がカラダを動かすには、「動かそう」と思った上で脳が指令を出す「意識系」（下図Ⓐ）と「無意識系」（下図Ⓑ）とがある。多くの場合「意識系」しか発動していないが、電位変化や、五感への刺激などにより「無意識系」も発動するようになる。

「無意識系」が発動すると、「意識系」しか働いていなかった状態に比べ、筋力稼働の強さ、速度、可動域などにおいて大きく向上する。

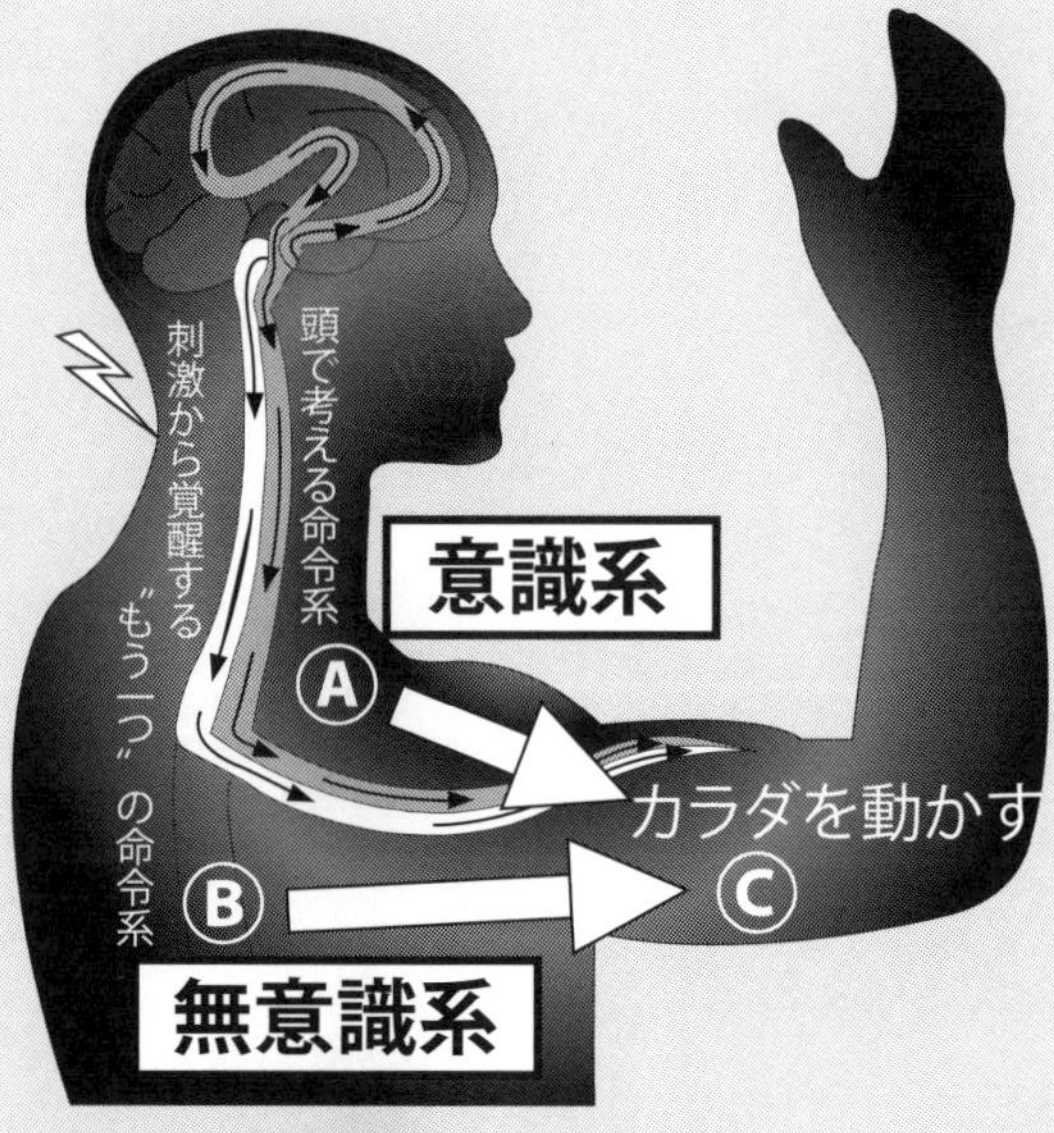

骨の電位変化がもたらす作用②

◎"繋がり"の覚醒

電気（電流）の伝達速度は光速相当とされるが、電子が光速度で移動する訳ではなく、〝繋がり〟の結果として、光速相当の伝達がもたらされ、あたかも〝すべての場所が同時に働く〟かのような稼働が実現する。

〝スッと動く〟ためには、身体各所が同時に働くような稼働が不可欠で、このベースとなる〝機能としての繋がり〟が、骨の電位変化およびその伝導により覚醒する。

人体は物理的に全身繋がっているはずなのに、必ずしも繋がった使い方ができないのは、この〝機能としての繋がり〟が覚醒しているか否かによるところが大きい。

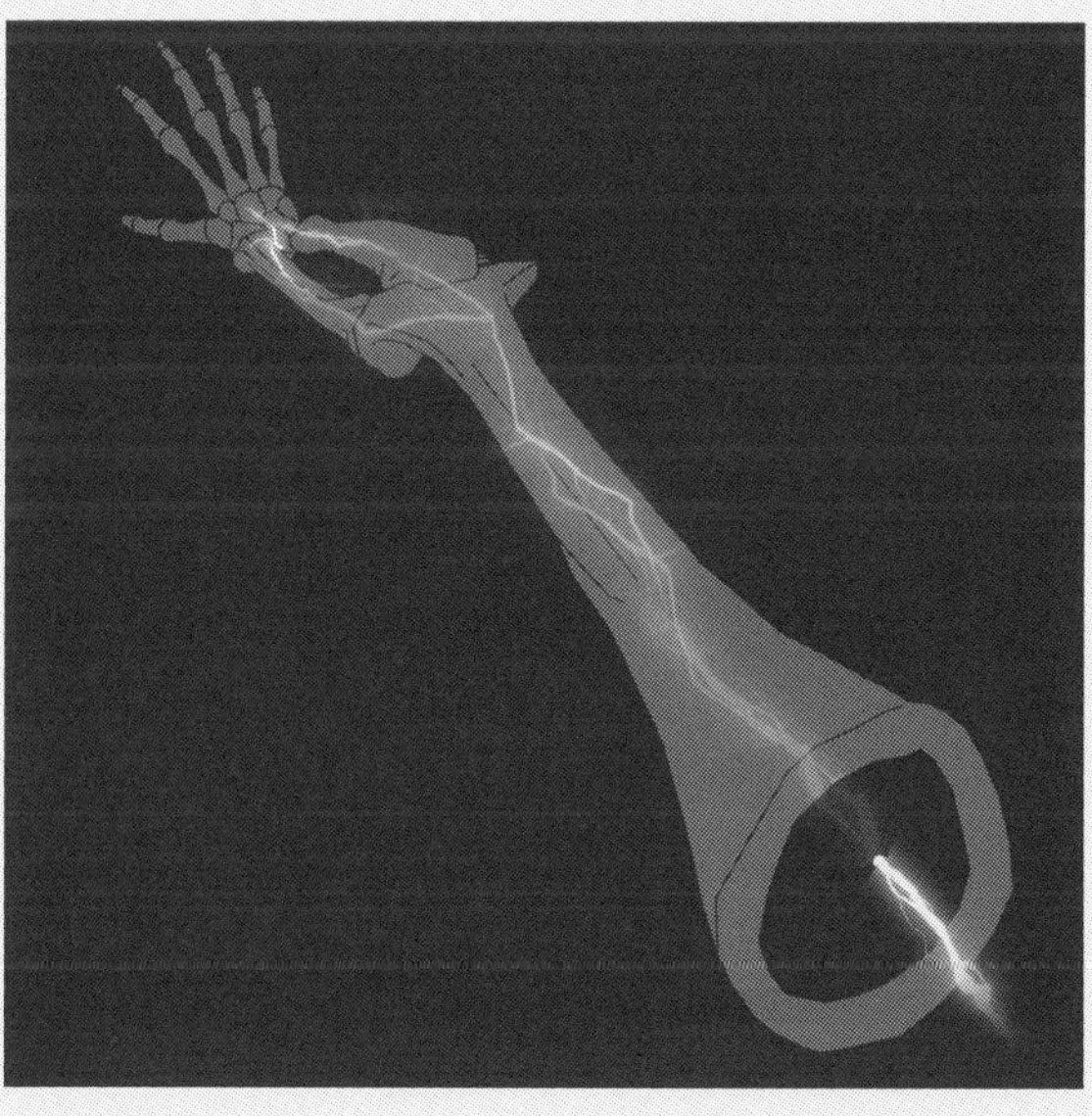

時代に感じた不思議な強さが出た時の感覚と同じになる。感覚を引き出し大きくするにはゆっくりと動いて感覚を維持することにより氣の運用に効果を引き出す。

立禅をやりながら無理ない範囲で般若身経をやる。今度は動かしやすい腕の動きを組み合わせる。動きのコツは上手く骨格を動かして元の位置でスッと納めるように止める。そうすれば納めた時にスッとカラダの奥を何かが流れる。腕が出来るようになったら今度は首を動かして止める。またスッと流れるようになる。

欲張らないで休みながら続けていく。そうやってカラダの奥の意識を超えた動きを引き出していくと、踵を上げてスッと降ろした時に、全身がスッと流れるように奥から動くようになっていく。

現代人のカラダは武術が盛んだった頃とは全く違う日常の動きをしています。環境によって人の動きは変わります。目に見える動き以上に内部の動きが変わります。便利な暮らしによって衰えている内部の動き。これを少しずつ目覚めさせるのです。段々足先と頭の動きでも他の内部の動きが引き出されるようになり。少しの動きでも内部が繋がり無意識の動きが出て来ます。

立禅はこれをやっているのでしょう。立禅が生まれたのは遥かな昔。その時代の人々であれば

1

2

3

4

立禅の状態から、ゆっくりと、骨格を動かして、スッと止める。これによって骨ので電位が変化して、〝カラダの奥の動き〟が流れるように出てくる感覚が得られる。〝繋がり〟が生まれ始めている。

出来たことが現代では出来なくなっています。動かすことで立禅でやっている動きを引き出す。套路にあたるものは格闘技でもスポーツでも日常でも動くこと。動かしながら内部の動きを引き出す工夫が操体法で見えてきたら、更に内部の動きを立禅で引き出す。

動と静の両面で引き出すのは意識では動かない、内部の動き。氣といっても何か特別なものを考える必要はありません。大切なのは繋がりです。氣は〝巡る〟と表現されます。繋がっていて、巡らないと意味がないのです。

骨の電位変化も、それ自体がどういうプロセスで作用を起こすかははっきりわかっていませんが、それよりも大切なのがやはり繋がりです。繋がりがあって、骨格を伝わっていく。この繋がりがスッと動ける事の本質です。

4 普通に100歳まで生きられる民族の秘密

この発見にはセミナー期間に機縁でドクターから聞かせて頂いた話が関わっています。100歳を超える人々が暮らすのは南米のアマゾンにもあります。100歳を超える人々はアマゾンの先住民。文明の手の入らない地域は世界にホンの少しだけまだ存在します。

先住民の人々は100歳を超える。医学もスポーツもない。サプリメントなどもない。

ただ生まれた場所で生きる。彼らには癌という病気は存在しない。彼らは虫歯にもならない。そして歯磨きもしない。ただ自然がくれた生まれた場所の食べ物を食べているだけ。彼らの身体的特色は骨格の動きが良い。関節が自由自在に動く。そして筋繊維が発達している。骨格が良く動くと骨の電位の変化が大きくなります。その結果筋絡の流れが発達して筋繊維の働きが良くなると考えられます。先住民のように、ただ生まれた場所で暮らすと武術で目指すカラダになります。

先住民は運動能力も高い。アマゾンの樹木などスイスイと登ります。彼らにはスポーツという概念さえありません。カラダなど鍛えることはしません。ただ日常を手つかずの自然の中で育むだけ。

人間は本能的に3歳位になると行動範囲を広めます。興味津々で色々なものに手を触れたり両親が気をつけて見守る時期です。自由に歩けるようになるとより広い場所に探検のように出かけて行きます。家から少し行動範囲が広くなってそこに樹木があると、興味津々で触れたりが始まる。手で触れたら今度は足をかけてみたくなって、今度は登りたくなります。これは本能的な動きです。

人間は生まれた時にはバランス感覚が悪い。意外ですが小さな子供はバランスが悪い。それにも理由があるのでしょう。世界中のどこに生まれても初めはみんなバランスが悪い。生まれた場所でハイハイ〜つかまり立ちを繰り返すと、骨格がその地域で最適な動きをするように育っていきます。子どもは筋肉の発達がまだ出来ていないので、呼吸と骨格でカラダを上手に動かします。生まれた時の骨格の数は成人より100近く多く、関節の間も広くなっている。筋肉が発達していないので骨格を上手に使って段々と多様な動きを身につけていきます。

本来の自然の中で育つとその地域に最も適した骨格の動きとバランス感覚を成長と共に手に入れます。樹木に触れて段々登ろうとするのに合わせて手の指が樹木を掴みやすい骨格の配列に、足をかけて登ろうとする時間に足指が樹木を登れる動きを身につけ、やがて成長と共に樹木に登る頃には全身の骨格の動きが樹木を登れる動きになり、その頃にバランス感覚も成長し大きくなる。

骨格が最適の形を取れれば登る時にかかる体重と引力によって骨格の電位が高まり筋絡（筋の繋がり）が働く。筋絡が働いて動くと筋繊維が発達します。そうすると何の努力もしないのに成長と共にスイスイと木登りが出来る。海岸に生まれれば泳ぎが達者な骨格の動きとバランスを、山間部に生まれれば崖などもスイスイと登れる骨格の動きとバランスが成長と共に身につく。

何の努力もしないで、生まれた場所で生きる最適な動きが身につきます。先住民には余計な筋肉がついたマッチョはいません。それ程大きな筋量がなくとも、骨格の電位の変異、伝導のルートがしっかりしていれば、樹木に上る時にだけ必要なチカラが出て来ます。

必要な時に筋肉の性能が高まる。これが自然のくれたチカラなのでしょう。

これを氣と呼んだのかと想像します。先住民は長生きです。その秘密は必要に応じて変化する筋肉のチカラです。自分の意思で鍛えた筋肉は必要でない時にも常にあるのでカラダに余計な負担がかかります。必要な時にだけ性能が高まり、必要でない時にはそれほど大きくない筋肉は日常的なカラダの負担を軽減してくれます。

アマゾンの先住民の平均寿命は50歳です。なんだ話が違うじゃないか、と思うかもしれませんが、そうではないのです。小児医療が発達していないアマゾンの奥地では乳幼児の死亡率が高い。3人生まれて2人が乳幼児で死亡したとしたら残った一人の寿命は軽く100歳を超えます。先進国の平均寿命は80歳を超え、病院のベッドで食事も出来ずに、喉に穴を開けチューブで栄養を与えたり人工呼吸器によって生命を維持する人々の年齢も加味されています。

アマゾンの先住民のもう一つの特色は死ぬ数日前まで元気に歩いて生活をすることです。死ぬ数日前になると電気が消えてゆくように段々元気がなくなり。数日すると眠るように死んでいくそうです。

100歳を超える人々は自然に近い場所でカラダを使って生きる。その結果カラダの奥の動きが自然に育まれて育ち、健康で良く動くカラダを100歳を超えても維持出来る。

カラダの使い方ひとつで健康寿命は変わる。

生まれた場所が成長と共にくれるチカラは存在し、そのチカラを知り型に込めたのが東洋の武術の本質のように見えてきた。

このチカラを引き出すのは骨格、骨格のチカラを引き出すのは地球との繋がり。

5 座る立禅と寝る立禅

意拳にはカラダの弱い人様に寝て行う禅や座って行う禅もある。形は知っていてもほとんどやったことはなかった。

操体法の施術では足首を上手に操って全身の症状を改善する方法がある。寝た状態と座った状態のどちらもある。操体法のカラダの動きに加えて適切な骨格への刺激でカラダの奥の動きを引き出すことで症状の改善をするのが手技伝の多くの技術。

ベッドに寝てもらって動きを導きます。足首を持って立てるその時お互いに押し合うようにします。操体法ではこれを抵抗運動と呼びます。この時のポイントは骨格に上手に触れてその動きを全身に繋がるように導くことです。上手くなれば骨盤が立つ〜胸が開く〜首が真っすぐに繋がりそこから手足の関節を動かす。

出来るだけ力を抜いて骨格を動かす。氣が流れてカラダが勝手に動く。足首から全身の骨格を操り上手に電気を変化させる。

これにより可動域がスッと向上する。数回やればカラダ全体がスッと整い楽になる。

座って立禅

立禅を「全身の骨格を繋げる」プロセスを主体に考えるなら、座った体勢で行うのもまた可能。

少しつま先を上げるようにして足首を曲げると、全身の骨格が繋がりやすくなる。足首を立てることによって骨盤もきれいに立ち、骨盤からの流れで胸も開き、首と繋がる。全身が繋がる感覚が得られたら、椅子から立って、立禅に移行してみる。

これを見た丸先生が言った。それ橋本先生のやっていたのと同じだよ。

そうか、椅子に座った同じ原理の操体法もある。だったら？

座って立禅をして足首を曲げて全身の骨格を繋げる。スッと何かがカラダの内側を流れるのが分かる。足首が立つと骨盤も綺麗に立つ。骨盤からの流れで無意識に胸も開き首と繋がる。全身の骨格が繋がり整うように自分のカラダを操る。スッと全身に流れる何かを感じたら数回繰り返すと、感じる流れの量が大きくなっていく。

その流れを忘れないうちに、椅子から立って立禅に移行する。

足指から足首の繋がりを意識してやると、骨盤がスッと勝手に立つ。整った全身の骨格を意識して無意識に骨盤が動くとカラダ全体の骨格が繋がって、全身に何かが流れる。

これが氣なんだろう。太氣拳を学んで教わった時に知らなかったコツ。

同じことをやっているのに、流れる量が格段に大きくなった。

慣れて来ると、今度は慎重にその流れを骨格の動きに合わせるようにゆっくりと動く。繰り返すと段々内側の動きと筋肉の動きが重なって来る。カラダの内側が光り熱を帯びているような不思議な感覚になる。

格闘技のプロの試合で鮮やかに勝った時の試合直前、同じような感覚になったことがある。試合に対するカラダの意が充満していたから、あんな凄いことが出来たんだ。

6 カラダの意

立禅の目的に〝カラダの意を引き出す〟という口伝があります。

カラダの意は意識だけでは引き出せません。試合で、心身が上手く重なり不思議な状態になったことが何度もあります。その時は実際に鮮やかに勝てたんだからただの思い込みとは違う発見な訳です。カラダが充実してチカラが内側に充満する状態。これを引き出すのが立禅なのでしょう。

一つひとつの動きがいくら良くても、繋がりが消えれば全体の動きは頼りなく危いものになります。

格闘技の世界ではテクニックがいくら綺麗に上手に出来ても試合ではあまり意味がありません。一つひとつの動きを繋げ、相手の動きに合わせ、上手に利用する。これが出来れば強い選手になります。この動きの合間の何かは努力と才能で手にする。その具体的な方法が立禅であり、動きの合間に隙がなければ日常の動作も無駄なく消耗が少ない。

100歳を超えた長生きをする人々はスッと姿勢が良い。スポーツではなく日常の暮らしでカラダを動かしているから動きには無駄がありません。日常の動作はより楽に効率良く動かなければ日常を支えきれないからそれが当たり前。スポーツのように時間を区切るのでなく、一生続けるのが日常の動作です。負荷をわざとかけて無理をする運動とは似て全く異なります。

姿勢が良く無駄のない動作には常に内側の安定が欠かせません。立禅はそれに呼吸や精神の安定も含まれるのでしょう。そうでなければ実戦には役に立ちません。正に形だけで意が消えた動きになってしまいます。

古い時代の大陸の武術家には長寿の先生方が多いです。カラダを無駄なく日常でも使い、精神も安定します。その要素の全てが立禅には秘められています。

澤井先生は立禅を「立って行う禅のようなものだ」と伝えました。自分自身を内側から見つめ、森羅万象を外側に感じ、心身の安定を持って繋がる。

正に至誠の心を持って向き合う素晴らしい武術の知恵。

同じことを伝えながら再び学びなおす。

生まれて初めての経験が知らないことを沢山教えてくれました。

第5章

柳生心眼流から学んだ“スッと動く”

1

心眼とは?

手技伝セミナーの後半は柳生心眼流。

柳生心眼流の師である島津兼治先生との出会いは人生の大切な機縁でした。島津先生と初めてお会いしたのは16年前。『月刊秘伝』の対談でした。BABジャパンとも機縁を感じます。

格闘技を引退して始まったご縁。何冊も本を出させて頂き、書くことで自分の意識を超えた発見が沢山ありました。書籍は骨絡~筋絡~皮絡と内容が進んでいきました。全ての本を書き終わるともうこれで何も出ないな!そう感じました。ところがいつの間にか、カラダの内側から何かが滲み出るようにやってきて、それをその度に本にまとめさせて頂いています。

初めに書いた本は今から考えると内容は薄い。けれどもその時点で最高のもの。順を追って読んでいくとこの本の内容の理解がより深まります。

柳生心眼流を学ぶ初めに島津先生はこう言った。その時の島津先生は70歳。

これから10年で全部伝える。10年経って80歳を超えたら、カラダで教えることは多分出来ない。技を見せることは出来る。でも本当の技をかけて伝えることが出来るのは、これから10年だ。10年過ぎたら色々話を聞かせて伝えることになる。

グレイシー柔術と柳生心眼流柔術。機縁により学んだ2つの柔術。

グレイシー柔術の師カーリーグレイシーも初めて会った時にこう言った。

グレイシー柔術の全てを伝えると。

2つの柔術の根幹はとても似ている。

柳生心眼流は柳生一族の武術を元に出来ている。柳生家の下男として仕えた竹永隼人先生がその才能を認められ柳生家の認可を得て伊達藩で柳生心眼流を名乗り伝えることを許され、伊達藩のお留武術となった。柳生一族の武術は柳生新陰流。新陰は時代によって色々な文字で表現された。真陰、神陰、等。

真陰は真の陰。神陰は神の陰。新陰流の源流は陰流。

心眼は心の眼。

心の眼で見る物とは？　真実の陰とは？　神の陰とは？

陰とはいったい何を意味するのだろうか？

心眼流を学んで16年、格闘技を始めてから46年。

何となく思い当たることがある。

意識を超えた大いなるチカラが陰。目で見える存在よりも遥かに偉大な存在は確かに存在する。

宇宙その物を支えている、眼には見えない何か。それもまた陰の存在。

森羅万象三千世界（この世の全ての存在）に起こる事象を見えない陰で支える存在。それを陰と考え、陰を見るチカラを心眼と考える。意識を超えた存在を感じそれを巧みに用いる。それが柳生の秘密ではないのか？

真陰　真眼　真実の陰にある見えない本質を見る。
神陰　神眼　眼には見えない陰の存在　神様の意思を見る。
そして、新陰　新眼　新しい時代に合わせて本質を見つめ使い方を変える。
武術は時代に即して使うという口伝が残っている。

セミナーを通じてそんなことを感じるようになっていく。考えてみれば命は存在し見えない。健康も存在している、そして見ることは出来ない。カラダに関するほぼすべての深い部分は未だ誰も見たことがないし、説明も出来ない。

グレイシー柔術は講道館の前田光世先生が、海外に渡り柔道を広める活動をなされ、最後に行きついたブラジルで、生活に困窮した際に、援助の手を差し伸べたガスタオン・グレイシーに恩義を感じその時に自分が持っている最高の物を伝えた。

経済的に困窮していた前田光世先生が贈ることが出来る最高の物が柔術だった。

前田先生は講道館以前に津軽の柔術を学んでいた。

前田先生はガスタオンの長男カーロス・グレイシーに柔術を伝えた。カーロスの息子が僕のグレイシー柔術の師　カーリー・グレイシー。

グレイシー柔術は講道館柔道とだいぶ異なる。講道館以前の津軽の柔術との関係が垣間見える。津軽の柔術には柳生心眼流との共通点も多く見受けられる。

グレイシー柔術では、闘いのテクニックの奥に隠れる眼には見えない陰を教えてもらい、そのチカラを味方にするやり方を沢山教えてもらった。

カーリーはそれをフィーリングと呼んで、テクニックの習得よりも遥かに長い時間をかけて仕込んでくれた。グレイシー柔術の全てとは全てのテクニックではない。奥に隠れる全てを支えるフィーリングを教えてくれた。それを身につければ全てに命が吹き込まれる。

恐怖は目には見えない。目に見えない恐怖に覆われれば、闘いで実力は出せない。一番の恐怖は相手が何をするの分からないこと。これがカーリーが一番初めに教えてくれたこと。テクニックを学ぶ前にこの話を聞かせてくれてからレッスンが始まった。

グレイシー柔術で全ての攻撃に対する防御を学び。それを最適に素早く実行する術を学んだ。

そのために呼吸と姿勢を徹底的に教えてもらい、鍛えてもらった。

呼吸と姿勢は自分では見えず、カラダで感じるしかない。思うように動けないことは誰にでもある。その原因はよく分かっていない。闘いの全てを知り自分のペースで闘いを支配する。自分が動くように見せて、相手を動かしている。その時に必要なものは知識だけでは足りない。知識を素早く引き出しカラダで実行する時に必要な見えない何か？

それこそがグレイシー柔術のフィーリング。

「柔術でカラダを満タンにするんだ。」カーリーは何度も聞かせてくれた。


食事も眼には見えない影響をカラダに与える。睡眠も同じ。

午前中の稽古が終わって昼寝をして、夕方の稽古が終わって夜寝る以外は一日中ずっと一緒に過ごした日々。稽古時間は朝8時から12時。昼食と昼寝を挟んで夕方の4時から8時まで一日8時間トレーニングした。振り返ると教える方が大変だった気がする。カーリーは本当に真摯に向き合いグレイシー柔術を伝えてくれた。

トレーニングが終われば一緒に食事をして少し食後の散歩をしたり。その時間には、いつも柔術を支える見えないチカラの話も聞かせてくれた。

日本でダイエットというと痩せるための食事というイメージがあるが、英語のダイエットは食事法の意味。グレイシー一族の独自の食事法がグレイシーダイエット。グレイシーダイエットは強さを支える健康に関する知恵が沢山ある。

例えば、人は自然に近い物、神からもらったものからチカラをもらう。人工的なものは出来るだけ食べるな、薬なども出来るだけ使うな。そう教えてもらった。良い食べ物はカラダの中の悪い物を押し出すチカラがある。そんなことも教えてもらった。こんな時にはこれを食べると良い。色々な状況のカラダに良い回復に役立つ食べ方も教えてもらった。

グレイシーダイエットの特色は食べ物の組み合わせ。自然に近い食べ方は、自然の法則に従った食べ方。自然には季節と場所の一定の法則がある。スーパーマーケットのように様々な種類の食べ物が一か所にあるはずがない。季節と生息している場所の特性に合わせて一定の組み合わせをして食事のメニューを決めるルールがグレイシーダイエット。日本の身土不二と実に似ている食事法だったりする。

カラダを動かす場所も本当は自然に近い場所が良い。これもグレイシー一族の隠れた教え。アカデミーでのトレーニングが終わったら、移動してビーチを延々と走った。

出来るだけ長い時間疲れないで走る。

アスリートとは違った走り方を自然の中でやった。

1995年から始まった、カーリーの元でのグレイシー柔術の稽古。90年代には毎年何度もサンフランシスコに出かけカーリーのレッスンを受けた。

一日中カラダを動かす。アカデミーを出てビーチも走る。カーリーが教えてくれた柔術とトレーニングは出来るだけ疲れないで長い時間続けられるカラダ作りを基本にする。

それこそ一日中カラダを動かした。


100歳を超える人々は運動はしない、ただ日常的にカラダを使って暮らしを営む。

限られた時間内に効果を出す目的のトレーニングと、一日中楽にカラダを動かすことは似て異なる。楽と言っても農作業などをやるのだから充分にカラダは鍛えられる。出来るだけ楽に効率が良い運動を日常の中の暮らしで行う。

日常で行う動きだったら、やっていれば自然にそうなっていく。日常動作でわざと筋肉に負荷をかけて苦しむ人はいない。日常を楽に効率良く過ごす。それにはスポーツと別の運動効果がある。100歳を超える人々の番組を見て段々と気がついていった。

カーリーと過ごしたサンフランシスコの日々はそれに近い日常だった。

100歳を超える人々は近所に出来る自然の食物を多く食べる。グレイシーダイエットの基本もとても良く似ていた。この経験のフィーリングを徐々に思い出し始めた。

セミナーを通じて〝息食動想〟を伝えたことで色々な過去の記憶が蘇ったのだろう。

手技伝セミナーで柳生心眼流を伝えることで感覚が研ぎ澄まされていた。グレイシー柔術と柳生心眼流柔術の根幹が繋がってきた。

柳生心眼流は戦国時代の流れを受け継ぐ柔術。戦国時代の戦は何日にも及ぶことがあった。

グレイシー柔術を学んだのは1990年代。その頃はまだ現代のような総合格闘技のルールは確立していない。当時の試合はラウンド制ではなく時間無制限が基本。今では想像も出来ない時間無制限の試合。それに応じていくらでも動けるカラダを作るのが、当時のそして本来のグレイシー柔術の基本。

スポーツ的なスタミナをいくらつけても時間無制限には対応は出来ない。カーリーが付きっきりで伝えてくれたグレイシー柔術のもう一つの真実がカラダ作り。

スタミナではなく、カラダ使いを変えて手にするのがグレイシー柔術の本当の秘訣。これはおそらく100歳を超える人々の日常にとても近いカラダを動かす感覚になる。

戦の時代の武術を本当に理解するにはカーリーの教えが役に立つ。ラウンド制で終わる戦はないし、試合終了の時間が決まっている戦もない。いくらでも戦う心構えそして呼吸や食事の秘密もきっと当時はあっただろう。〝息食動想〟という考え方も再認識した頃。柳生心眼流を伝えながらカーリーから教わった、グレイシー柔術の感覚が記憶と共にカラダの奥から帰ってきた。

2 剛身《こわみ》の呼吸

柳生心眼流を学んだ時の特色は、カラダを変えるコツと具体的方法を沢山教えて頂いたこと。呼吸と姿勢の安定。これがカラダを支え、それを感じることが難しい秘訣であり基本。呼吸は普段無意識に行っている。だから普段からいつも感じることは難しい。姿勢も同じ。意識しないでも良い状態を保つ。それには様々なやり方がある。

柳生心眼流のやり方は簡単な理屈で出来ている。世には様々な呼吸法がある。大概は細かく色々やるものだが、心眼流はシンプルなやり方だ。

呼吸量そのものを大きくする。一度に楽に吸うことが出来る呼吸量が増えれば、難しい呼吸法を覚えて呼吸量が少ない人よりも圧倒的に楽な呼吸になる。肺活量が多ければそれだけで呼吸によりカラダが享受するエネルギーの恩恵は大きくなる。呼吸が良ければ姿勢も良くなる。

この運動を心眼流では剛身《こわみ》の呼吸法と呼ぶ。その名の通りカラダに剛を入れ全身を強化する呼吸と動きが一緒になった鍛錬術。

この運動を受講生に教える前にセミナーでは単純な深呼吸の強化から始めた。

武術の時代の稽古を行うには、時代の変化により足りない部分を補う運動が稽古を始める前に必要になる。スマホを使う時間は無意識に呼吸が浅くなり姿勢も悪くなる。セミナーに来る前にスマホをやっているのでは、いきなり武術の稽古をしても身につかない。

受講生に深呼吸をやってもらう。出来るだけ大きく息を吸うようにと伝えながら。

受講生は真剣に大きく呼吸をする。しばらくやってもらったら呼吸を変えるコツを伝える。

一生懸命に深呼吸をしていても、ただ肺に大きく息を吸い込むことしかみんなやっていない。

そこで指先まで伸ばしてカラダ全体で吸い込むように指導する。数回繰り返すと呼吸は大きくなる。これもまた意識と無意識の関係性。今度は深呼吸する時にパートナーに指先に触れてもらって、その感覚に自分も指先を開く意識を重ねて深呼吸をする。これでまた呼吸量が大きくなる。人のカラダには未知の全身を司るセンサーのようなものが存在する。その扱い方を徹底的に

真に呼吸を深くする

指先まで伸ばしてカラダ全体で吸い込むようにすると、深くなる。
「肺により多くの空気を入れよう」という意識のうちでは限界があるが、〃カラダ全体で吸い込む〃ようなイメージによって無意識下の覚醒が得られると、カラダには大きな変化が起こる。

研究し実践してきたのが武術の陰の部分。神様が与えてくれた呼吸という生命活動の活かし方を、神の陰、真実（常識）の陰、そして時代に合わせた新しい陰の活かし方。時代に即した使い方が武術に命を吹き込む。

100歳を超える人々は呼吸法なんてやらない。ところが毎日決まった時間農作業をすれば良い呼吸に自然になっていく。指先からカラダ全体を使うこれだけで意識を超えた豊かな呼吸に変わる。草むしりをする時間帯はしゃがんで指先で雑草を掴んで土から引っこ抜く。この時の呼吸は、セミナーで受講生が立ってやる深呼吸よりも遥かに機能的な呼吸になっている。105歳で元気に薪割りをするお婆さんは、間違いなく最小のチカラを使って効率良く薪割りを日々行う。効率良い薪割りには指先の上手な使い方も欠かせない。

ビルの中の部屋で、真剣に行う呼吸法よりも、100歳を超える元気な人々は効果的な呼吸を日常で無意識に営む。農作業は外で行うから入って来る空気も澄んでいる。

指先の意識が高まりカラダの繋がりが良くなってくると。深呼吸しながら指先を動かすだけでより全身で行う深呼吸に変わる。指先を動かしながらただ気分よく歩くだけでも、単純なトレーニングより大きな呼吸に良い運動に変わる。

前半にこの簡単な呼吸法を伝え準備をしてから、後半の柳生心眼流に入った。

柳生心眼流の一番初めが剛身の呼吸法。呼吸を良くして姿勢を正す。この基本から後半のセミナーが始まった。

剛身の呼吸法の原理も無意識に起こるカラダの反応を上手く引き出すこと。全てのカラダの原理はそれ程変わらない。現代は無理に鍛えるよりも失った機能を取り戻した方がより効果が期待出来る。

剛身の呼吸法の始めのコツは空手にも似ている。空手の基本に引手というものがある。正拳を

剛身の呼吸

柳生心眼流に伝わる「剛身の呼吸」。鼻呼吸で大きく吸って止め、空手のように脇に引き手を取り、前後に動かすことによって呼吸が大きくなってくる。横隔膜の近くの肋骨に触れることで電位変化を起こし、カラダに無意識下の覚醒を起こさせていると考えられる。

突く時には反対の腕を脇腹を擦るようにして引く。脇腹は肋骨の位置。肋骨の下辺りには呼吸を司る筋肉、横隔膜がある。

大きく呼吸をしてもう吸えない時にこの部分に触れると更に息を吸うことが出来る。横隔膜の近くの骨に触れることで、骨内電位が高まるので、肋骨に近い横隔膜が更に稼動する。

両腕を空手の引手のように前後させる。この時のコツは両腕を床と水平に動かすこと。上下のブレが起きると骨伝導が乱れ効果が薄くなる。鼻呼吸で大きく吸ってそのまま息を止めて腕を前後に動かす。始めは無理しない範囲で、苦痛を感じない範囲で行う。個人差は当然あるが正しく続ければ、誰でも必ず呼吸が大きくなってくる。呼吸が大きくなればカラダの中のエネルギーも大きくなる。続けていると姿勢も改善されていき、いつの間にか健康状態が良くなってくる。

歳をとって肩や腰が痛い人にこの運動を教えると、いつの間にかカラダが元気になって来る。呼吸量が大きくなれば自然に胸が開く。

この基礎の剛身の呼吸法が出来るようになったら次に進みます。足指をきちんと着いて姿勢を正す。首筋を伸ばし頭を正しい位置に置く。腕を動かす時に指先まできちんと意識する。全身の骨格が整うように調整していく。

実際にやってみるととても難しい。自分の姿は自分で見ることが出来ないので、本人が正しい

正しい姿勢で全身の骨格を繋ぐ

足指をきちんと着いて、真っすぐに立ち、首などに余計な負担がかからない、正しい姿勢をとる（写真1）。指先まできちんと意識して腕を動かす（写真2）。
負担のない正しい姿勢状態であるかは、鏡を見たりの〝見た目〟ではなく、自分のカラダの内部感覚をもって行う。

1

2

姿勢と思っても、多くはそこそこ歪んで立ったりします。そこで心眼を使う稽古に入ります。眼では見えない自分の姿を見るコツは自分のカラダの内側を感じること。骨格が正しく繋がっているか、自分の感覚を研ぎ澄ましてカラダの内部から自分のカラダを見つめます。

これを「内景《ないけい》を見る」と呼びます。太氣拳の立禅も同じ感覚が求められます。

操体法の般若身経も同じです。自分のカラダの内側を感じる訓練を繰り返すと、感覚が鋭くなっていきます。その結果相手のカラダの内部の動きを感じられるようになり、上達すれば見えるようにもなる。これも武術の口伝です。

カラダ全体の骨格の動きを感じるように日々剛身の呼吸法を行うと、呼吸が大きく豊かになっていきます。その結果ヨガでやるようなお腹を大きく膨らませて窪ませたり、波打たせたりも出来るようになっていきます。あの動きは腹筋ではなく、横隔膜によって動かします。一般の方であればそこまで出来なくとも健康度は確実に上がっていきます。

手技伝セミナーで教えながら自分も学ぶことを繰り返すと、色々な閃きが頭だけでなくカラダからもやってくるようになりました。脇腹を擦る秘密は沖縄空手の達人にも教えて頂きました。達人の先生から最後に聞かせて頂いた一言の意味がその頃カラダから滲み出てきました。詳しくは後半に書こうと思います。

3 剛身の呼吸法に加える多様な動き

呼吸量を高めたら、そこに柳生心眼流の秘訣を加え更に呼吸の多様性を引き出し、呼吸の多様性からカラダの多様性を引き出す運動に進みます。

人は普段感じていないだけで、環境によって息食動想の全ての影響を受け、それに合わせた最適な内部の動きをカラダ全体で行っています。感じない理由はおそらく意識出来る脳の許容量を超えているからだと仮定できます。

例えば人が歩く時には、歩く場所によって無意識に呼吸が変わります。（息（呼吸））

お腹が空いている時と満腹の時にも歩き方は無意識に変わります。その時の栄養状態でも当然変わります。（食（食事））

坂道と舗装道路と河原では自然に歩き方を変えています。（動（運動））

歩く時の景色によっても気分は変わり、気分によっても歩き方は変わります。（想（精神））

人は知らず知らずに環境によって息食動想に影響を受け、それに従い最適な動きをカラダの奥

から行います。（環（環境））

人の動作は意識出来ないだけで、全ての細胞が調和して動いています。全ての内臓も骨格も血管も一緒に最適な動きを行います。もしも心臓がカラダ全体の動きに遅れたりしたら、あっという間にカラダはおかしな状態になっていきます。

息食動想は環（環境）によって常に最適な働きをする。本来の環境（自然）は豊かな変化をしています。本来の豊かな暮らしとは、より広く豊かな環境の変化に適合した動きが出来ることです。色々と変化する自然の場所のどこでも自由自在にカラダを動かせれば、豊かな自然の恵みを手にすることが出来るからです。

環境との関係に〝五感〟があります。少し暗くなった位でよく周囲が見えなければ生命的に弱い立場に置かれます。匂いに鈍感でも、周囲の音が良く聞こえなくとも原始の暮らしでは大きなハンディとなります。生命的に強い肉体とは五感がよく働き、五感で感じた周囲の変化に素早く反応して適切な動きが出来ること。

剛身の呼吸法に五感のチカラを重ねていく。カラダを捻じって可動域のギリギリまで動かして、眼を閉じてもう一度開くとスッと可動域が向上します。

耳たぶを擦ったり、鼻を擦ったり五感に通じる箇所に刺激を与えれば、可動域はスッと向上します。

手技伝の受講生にこの原理の運動を伝えていくと、剛身の呼吸法の効果が更に大きくなります。五感に関するカラダの知恵は、拙著『五感を活用　カラダは三倍動く！』（ＢＡＢジャパン）に詳しく書いてあります。

カラダの可動域を限界まで持っていく。そこに五感に通じる武術の知恵を重ねていくと、剛身の呼吸法に深さが出て来ます。

皮膚に触れれば可動域がスッと向上します。（皮絡＝皮膚の繋がりの活用）

上手に捻じればそこでもスッと向上します。（筋絡＝筋肉の繋がりの活用）

五感刺激による覚醒

カラダを可動域ギリギリまで捻った状態から、「眼を閉じて、開く」「耳を擦る」「鼻を擦る」などの刺激を行ってみると、可動域が広がる。すなわち、無意識下の覚醒が起きている。これを剛身の呼吸に応用すると、呼吸も驚くほど深くなる。

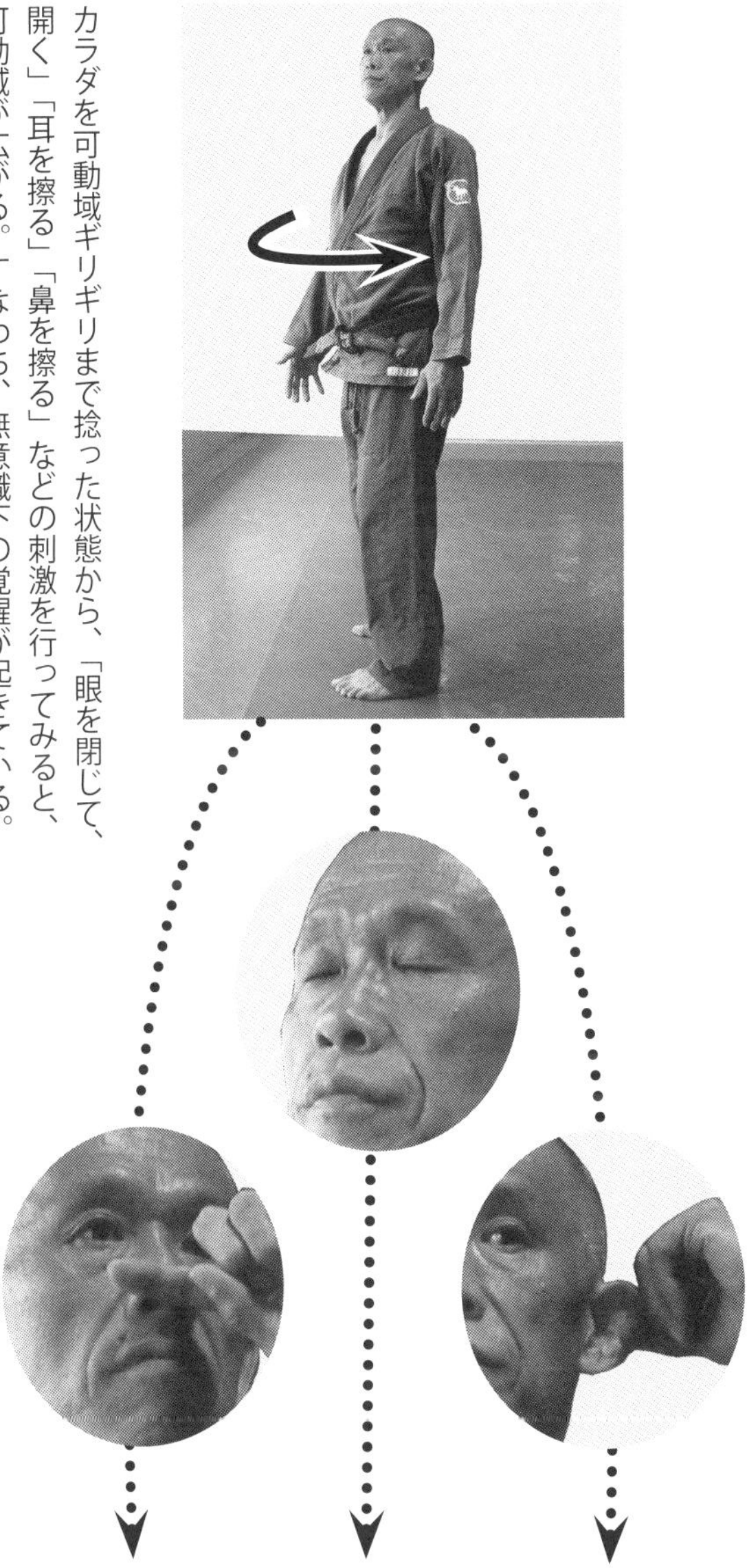

このどちらに関する拙著もＢＡＢジャパンから発売されています。宣伝はこの位にして（笑）。

柳生心眼流の稽古の動きは、動きを徹底的に狭くすることが秘密です。型は自由な動きをその中に制限された動きとして詰め込みます。不自由な動きをする意味は適切なやり方を行うことで、楽な時にはどんなに意識しても動かないカラダの奥の動きを無意識に引き出す知恵です。

そこに五感の知恵や、流儀独自のカラダの緩急などを加えると強靭な肉体に変わっていきます。受講生はいきなりそこまで出来るレベルに無いので、型を分化して段階に分けて少しずつ確実にカラダを良くするやり方を半年かけて伝えました。

セミナーで毎回受講生に伝えたことがあります。

教わっただけで身につくんだったら、僕がそのセミナーに参加するよ。セミナーの参加費が500万円でも参加する。

全ての学びは教わったから出来る訳ではない。教わったことを日々継続して行う。たまに間違ったりしてそれを修正して日々続ける。そのうち段々出来るようになる。

その時間をかければ教わったことは500万円の価値に変わる。

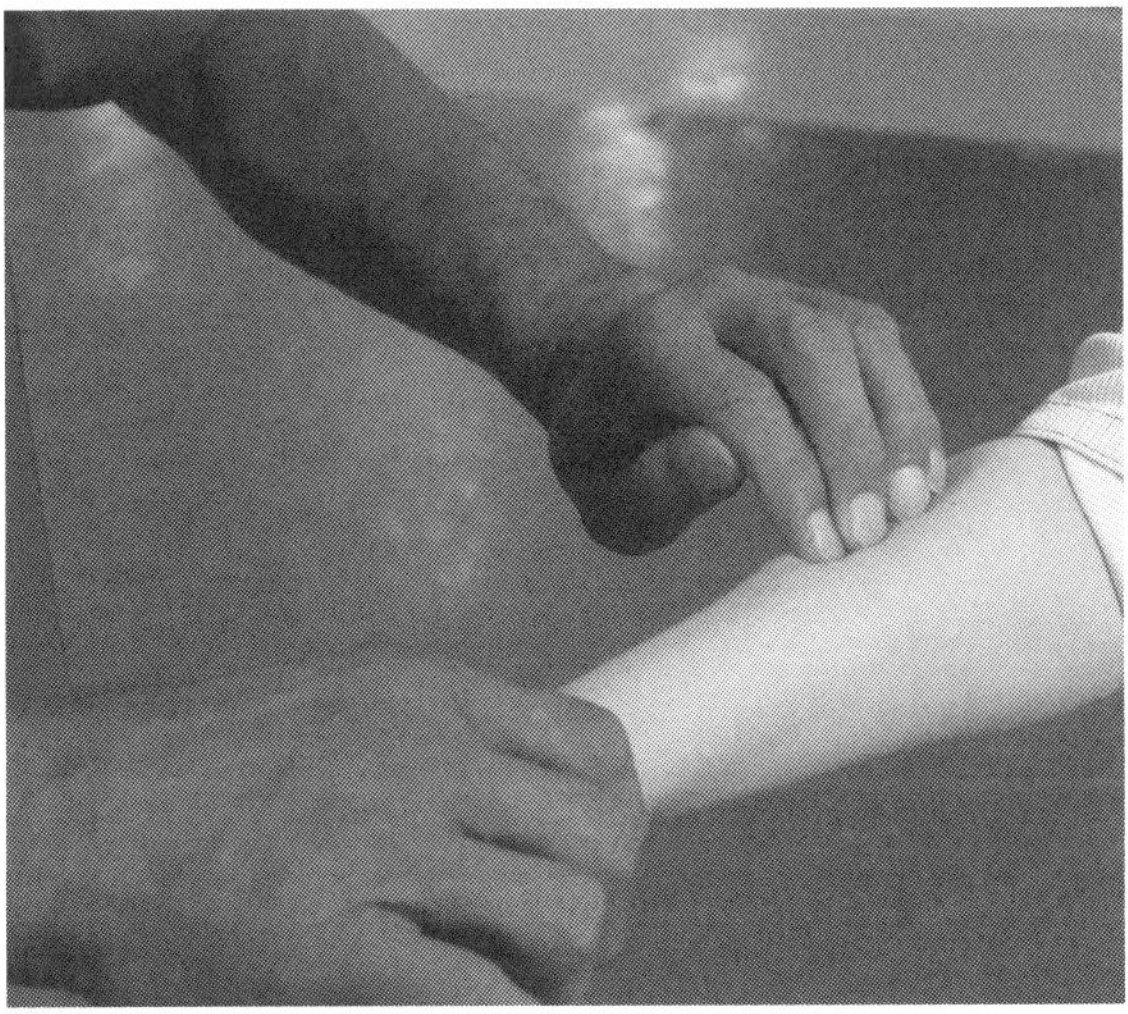

柳生心眼流に伝わる、“筋を引く”ことによる療術。指先の感覚が重要だが、それを、全身と繋げることによって得る。

4 筋を引くコツ

後半になると受講生のカラダも段々と良くなっていく。武術の概念を伝えながらカラダを変えてゆく。後半は筋を引く技術を伝えた。

手技伝の概念はカラダの問題がある時でも安静にしていれば問題が消えることが多い。ただ寝ていればどこにも違和感がない、あるいは違和感は減少している。カラダの問題は動かすと出て来て大きくなる。そうであれば！

安静な寝た状態で施術するよりも、カラダを動かして、あえて違和感を出す。そこを上手く施術すると効果が高い。隠れている悪い箇所を引き出してそこに施術をする。施術のポイントは筋肉の奥。筋肉をただ揉むよりも筋を引いた方がより奥にアプローチが出来る。この際に必要なのは指先の感覚。指先の感覚は全身の感覚と繋がる。

呼吸と姿勢そして骨格の繋がる動き。指先だけをいくら鍛えても出てはこない、無意識の動きを導くには全身の繋がりが必要になる。筋を弾く時の隠れたコツ。

古い時代から存在する筋と言う概念。筋を痛めたとか、筋が良いとか。筋に関する様々なことが昔から存在する。

日本古来の筋は筋絡図として残されている。（次ページ参照）

毎月6箇所で行う、手技伝セミナーと言う日常における環境の変化によってそれまで気がつかなかったことに気がついた。

筋絡は解剖図の筋肉や筋とは全く別の姿をしている。

筋絡図は島津先生に頂いた。江戸時代の原本を島津先生は手に入れ、それをコピーさせて頂いて、部屋の壁に張ってある。

もう10年以上見ているのに何も感じなかった。

人は環境によって意識が変わる！


どんなに意識を高めて見ても分からなかった筋絡図の秘密。日々の暮らしの変化が、気がつか

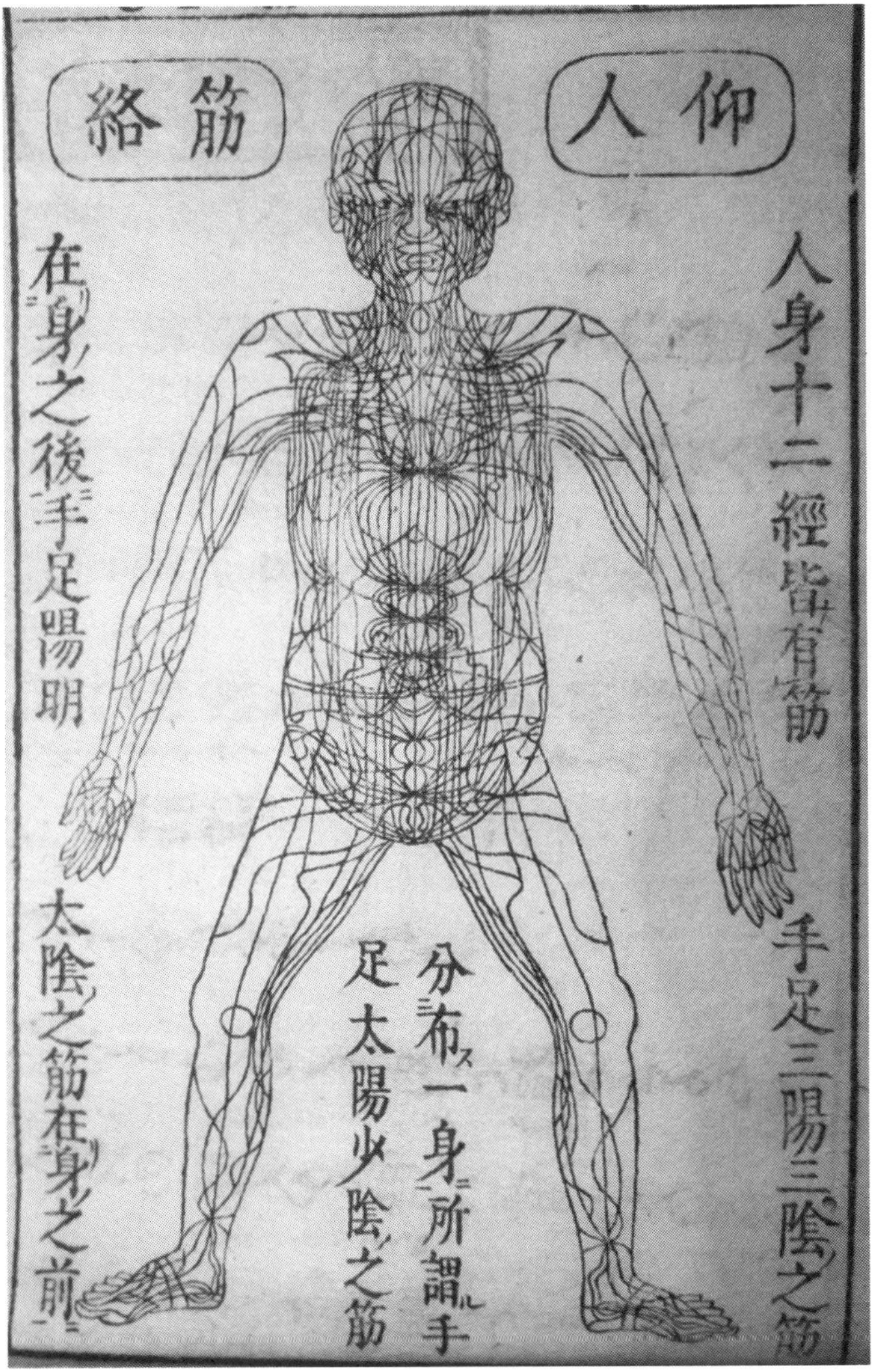
仰人筋絡
人身十二經皆有筋
手足三陽三陰之筋
分布一身所謂手
足太陽少陰之筋
在身之後手足陽明
太陰之筋在身之前

筋のつながりを示している「筋絡図」。（『骨継療治重宝記』（1764年刊）より　島津兼治先生提供）

せてくれた。

解剖図にはない形をしているのが筋絡図。解剖によって作り上げられた筋肉図ではないから当然だ。筋絡とは筋の〝つながり〟を表している。

骨格は骨伝導の変異を行う。このカラダの原理によって人は無意識に筋肉の奥からの働きを変化させ、常に変わる環境で最適な動きをする。

カラダの形を導いて骨格に触れると骨伝導の電気的変異によって筋肉の奥まで電気的変異が届き可動域が回復していく。

これが手技伝の施術の原理。

手技伝よりも難しい「やわらぎ」は骨格の電位を高めながら筋を弾くことで更に効果を高める。筋を弾く技術があれば、骨に触れる技術も一緒に向上する。

手技伝セミナーの後半になって気がついた。手技伝の施術テクニックだけを半年間教えるよりも受講生の技術の伸びが大きくなっているように思えた。

眼に見える技術を支える見えないものも陰。それを見るのが心眼。

柳生心眼流は陰を見ることで引き出すチカラを具体的に伝えるのに長けている流儀なのかもしれない。

武術の身体操作は術者自身が骨格を自由自在に動かし、相手の骨格を操ることでからだの奥からの回復を促す。

そうか！

筋絡の意味が見えて来た。

骨格を動かし、持っている腕のチカラの強弱を調整しながら、皮膚を通じて筋肉を弾くようにすると、施術を受ける側のカラダの奥がスッと動き出す。骨格の触れ方が上手になれば弾く必要はなくなる。筋に関する手技は筋弾きだけでなく、筋伸ばし、筋入れ等多岐に渡る。弾かないで触れて伸ばして広げる。あるいはズレた筋を正しい位置に動かす。ズレた筋が入ると筋肉のズレがスッと動いて元の位置に納まる。

この時、筋絡図の通りに触れる訳ではない。骨格を上手く操れば触れるだけで勝手にカラダの奥の反応が起こる。カラダの奥から何かが動いて筋肉に変化が起こる。触れている場所以外の筋肉が動く。

これは活法（施術）だけでなく、殺法（格闘技）の動き、テクニックを使う時にも起こる。

格闘技の時に使うには、いちいち筋を確認なんてやっている暇はない。

骨格を操り、相手のカラダに触れれば起こる不思議な反応、これが筋絡の意味なのではないだろうか？

骨格の電位を高め、カラダに触れた時に起こる不思議な動き。この見えない動きが通るルートが筋絡だと仮定する。筋肉は主に意識で動かす。動きの奥の未知の詳細な動きを司るものは、筋肉でカラダを動かす時に一緒に骨格が動く時の電位の変化。骨格の電位の変化を伝えるルートが筋絡だとすると、解剖図とは別の形態になっていることも不思議ではない。


骨格を自由に操る。

筋肉の動きで、骨格の可動域を高めたら呼吸と姿勢の変化で骨格を更に動かす。

スッと体の中を流れるチカラが大きくなっていく。

骨格のバランスを考えて繋げてゆく。繋がる合図はチカラを感じないこと。骨格のバランスが高まれば筋肉の負担が減ってカラダの感覚が消えてゆく。


この感覚は格闘技の時代に経験した不思議な感覚。

それを自在に操れるようになってきた。

100歳を超える人々の日常もきっとこの感覚なのだろう。

カラダのどこにも違和感がない。健康な状態はカラダのどこにも何も感じない。

ただスッとカラダが動く。

手技伝セミナーを通じての再発見。それを更に深める機縁もありました。

それは思考の変え方。

環境を変える以外に思考を変えるやり方があります。これは古い時代の武士も行っていたやり方。柳生心眼流の心眼、新陰の陰。

眼には見えない陰の世界は普通の思考を持ってもなかなか感じることは出来ない。

柳生のみならず、全ての武術の神髄は森羅万象の眼に見える裏の事象。

この思考訓練を古い時代の武術家は必ずやっていたと聞かせて頂いた。

機縁によって身についた古い時代のもう一つの武術の高め方。

分かってしまえば確かにこれが欠ければ武術として危いものにしかならない。

これを次章で書こうと思います。

第6章

読書の勧め

1 前田日明さんに勧められた本

手技伝の話がある前、大きな機縁がありました。前著を出版して少し経った頃、YouTube 出演の依頼がありました。出演する YouTube のお相手は前田日明さん。前著の発売に合わせて宣伝を兼ねて YouTube に出させて頂きました。とても有難い時間でした。

前田さんは平成の時代に新格闘王と呼ばれ、新日本プロレスからUWFを経て、リングスを旗揚げ。リングスでは選手発掘にも才能を発揮され、後のプライドの主力選手のほとんどはリングスから移籍した選手だった。アウトサイダーも前田さんのアイディアで生まれた。前田さんは選手としてだけでなく、格闘技の興行に関しても大きな貢献をしている。新格闘王の称号は選手だけではなく。前田さんの持つ格闘技の感性全体を指し示すものだと思う。

機縁は更に遡り、高校生の頃プロレス雑誌を読んで妙に気になる若手選手が前田さんだった。前田さんのコメントはプロレスを通じて強くなることを目指している。確かこんなコメントだった。初めて目にするプロレスラーの格闘技よりのコメントは妙に印象に残った。

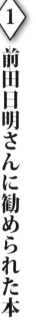

前田日明さん。無類の読書家としても知られている。

その後新日本プロレスに凱旋帰国して、UWに活動の場を移し前田さんは新格闘王として大スターになっていく。プロレスラーに憧れた時代の憧れだった選手が前田さんだった。

1990年代プロレスと格闘技の境界が曖昧だった時代。やがて総合格闘技が生まれ時を経て21世紀の現在ではプロレスと格闘技は別ジャンルとして存在するようになる。曖昧だった時代の複雑な心情を経て、一気に心情が変化する出来事がその頃あった。

1993年K-1とUFCそしてパンクラスが旗揚げした。あれから30年、格闘技は激変した（この章を書いているのは2023年12月）。今の格闘技の雛形は

1993年に出来上がったと言っても過言ではない。パンクラスのエースだった船木誠勝さん。プロレスと格闘技の曖昧な狭間でお互いに複雑な意識をしていたのかもしれない。とあるパーティーで船木さんと隣の席になった。何を話したら良いのか？全く分からない僕に船木さんの方から話しかけてきてくれた。実はきちんと話をするのはこの日が初めてだった。

初めて話をした船木さんはとても優しく紳士的な方だった。憧れのプロレスラーは僕が藤波辰爾選手。船木さんはタイガーマスク。ブルース・リーとジャッキー・チェンも好き。共通点がドンピシャだった。パンクラスの練習とかどうでした？この日気軽に聞いた一言が機縁に繋がるものだった。

船木さんはこう言った。生き残るのに必死でした。とにかく毎日必死でした。

……全く想像したことがない返事がやってきた。

当時のパンクラスは格闘技雑誌に取り上げられ、プロレス雑誌にも取り上げられていた。格闘家よりもメディアの露出が圧倒的に多い。良いなーとか嫉妬する部分が正直あった。

やっていることは同じなのに良いな沢山取り上げてもらって、という感情があった。

当時のパンクラスと一般的なプロ格闘家の関係は微妙だった。

格闘技が一大ブームになるのは1993年より少し後になる。当時の総合格闘家は試合のファイトマネーだけで生活をするのは困難でアルバイトとかしながら試合に出ていた。パンクラスは団体として存在し、選手は格闘技が専業だった。「生きるのに必死」には会社を存続させて選手だけでなく、社員やその家族の生活を守るという意味が含まれる。アルバイトはそれに比べると遥かに気楽だったりする。

しかもその頃の自分は、牛丼のすきやを経営するゼンショーという企業にいて、実業団のように昼間仕事をして夜に練習して試合をするという恵まれた環境にいた。仕事は9時から5時で残業はなし。土日も休みの週休二日制。試合があれば試合当日だけでなく試合の前後も有給休暇を頂いた。試合のファイトマネーもあるし、ボーナスも頂いていた。生活に不安はない。その頃気がつかなかっただけで自分の方が恵まれていたのかもしれない。

隣の庭はよく見えるとはよく言ったものだ。この時初めて船木さんに親近感を持った。みんなそれぞれの環境で精一杯格闘技と向き合っていた時代に想いを馳せた時間。

船木さんと初めて話をした翌日。九州でアウトサイダーの興行がありレフェリーとして参加した。レフェリーは交代でジャッジもやる。本部席で前田さんの隣に座った時、昨日の船木さんとの話をした。のどに刺さった小さな棘《とげ》がスッと溶けて抜けた昨日の話を何気なくした。

その日何を話したのか、覚えていない。ただメインエベントのジャッジの時間にも前田さんと沢山話をしたのを覚えている。ジャッジは試合に集中しなければいけない。ところがこの日前田さんと沢山話をした。

これも機縁なのだろう。試合は一方的な試合だったので、それ程注意深く見る必要が無かった。もちろん本当はそれでもしっかり見なければいけないのだが。

メインの試合が終わった時前田さんが言った。

試合あんまり見てなかったな、と。（笑）

それから数日して前田さんから、呼吸に関してこれを知ってるか？そんなメールが来ました。よく分からなかったので電話したら、色々と話を聞かせてくれました。前田さんは格闘技や武術そして色々なことが大好きで、凄い量の知識を持っています。

ある日一冊の本を勧められた。何だか分からないが購入して読みました。

一冊の本はベルクソン著の『物質と記憶』（講談社刊）。

読んでも難しくて何が何だか分からない。途中で読むのを止めても不思議ではないのに何故か

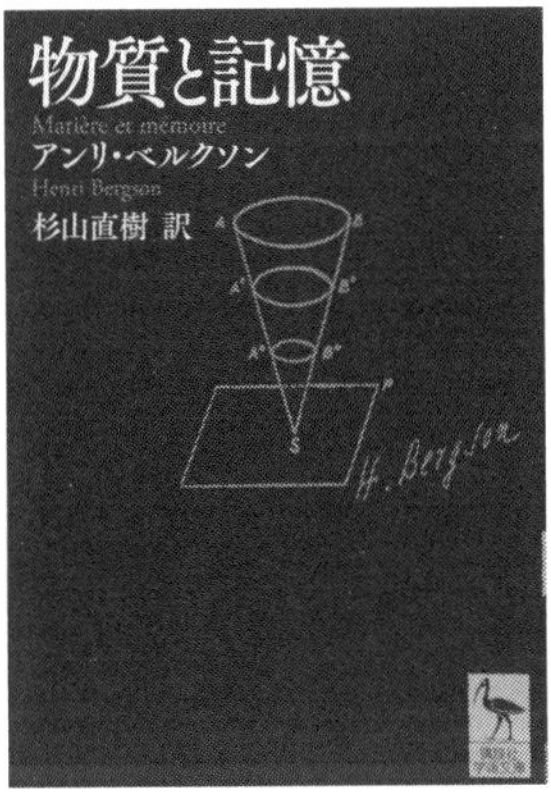

アンリ・ベルクソン著・杉山直樹　訳
『物質と記憶』（講談社学術文庫
講談社刊）

読み続けました。最後の方にたった数ページ理解出来る内容がありました。

苦労して読んだ一冊。ここから前田さんからどんどん本を紹介してもらうようになります。

前田さんの勧める本は難しい。次に読んだのは『人間の建設』（新潮社刊）。

この本は小林秀雄　岡潔の対談本。

この本の裏表紙にはこんなことが書いてある。

「有体にいえば雑談である。しかし並みの雑談ではない。文化的頭脳の歴史的天才と理系的頭脳の歴史的天才による雑談である。

学問、芸術、酒、現代数学、アインシュタイン、俳句、素読、本居宣長、ドストエフスキー、ゴッホ、非ユークリッド幾何学、三角関数、プラトン、理性……

主題は激しく転回する。そして、その全ての言葉は示唆と普遍性に富む。日本史上最も知的な雑談と言えるだろう。」

全く持って読んで理解出来る自信がない。苦労して読んでも理解出来ませんでした。（笑）

ところが何故なんだろう？　何かに惹かれるように小林秀雄さんと岡潔さんの本を日常的に読むようになっていきました。きっかけは手技伝全国セミナーの半年。新幹線や飛行機の移動中の時間にずっと本を読む癖がつきました。手技伝セミナーの移動も機縁だったのかもしれません。

移動時間以外にも暇な時間があれば、「本でも読もう」とか自然になったりしました。小林秀雄さん著のドストエフスキーの生活を読んだ後こんなことを思いました。英語よりも難しい日本語があるんだと。（笑）

それでも読み続けていきました。あの時の気分というか、読書に向かう気持ちは一体何だったのか今でも分かりません。読んでも理解出来ない本に惹きつけられるようにして読書を続けた機縁の日々。

2 武士の読書

半年もすると、難しい本を読んでも、少しだけ意味が分かるような気がしてくる。気がする程度ですが。（笑）

そして全く意味の分からない本を読んだ後に起こる不思議な出来事を感じるようになっていきます。その感覚は読書を続ける度に大きくなりました。

全く分からない本を読む、読んで数日経つと何かがスッと閃く。閃く内容は本の内容とは全く関係がなかった。何故だか関係のない武術やカラダの原理がスッと出て来る。難しい本を読む度に不思議な感覚がドンドン大きくなっていく。

手技伝のセミナーは月6回、東京大阪名古屋福岡と移動してセミナーを行う。

移動は環境が変化するので、色々と思い浮かぶことが多くなる。セミナーの受講生の熱心な学びの姿勢にも引っ張られて思考が深くなる。それを超えたような深い思考からの閃きが難しい本を読んだ後にふっと涌くように出て来るようになっていた。セミナーで話をしながら自分の知らないようなことを話すことが多くなっていく。

何故だかは分からない。話した内容をやってみると当たっている。知らない身体操作のコツが勝手に口から出て来て、それをやってみると実際その通りにカラダが動く。

読んでも分からなかった本の中の言葉がその頃からセミナーで教える時に出てきたりした。

小林秀雄さんの著書の中で、歴史を学ぶということは暗記ではなく、歴史の奥にあるモノを感じる、そして歴史の中に入ること。このような一文があった。

岡潔さんの著書には何を習うかではなく、誰に習うかそれが大事だと書いてある。

これは眼には見えない知識の奥にまで入り込む大切さを教えてくれている。眼には見えない感覚が本当の学びには大切だということなのだろう。

歴史という事実の中の出来事をいくら記憶しても、何も役に立ちはしない。歴史から学ぶということは、同じ場所にいたらどのような行動を取るのかを先人から学ぶことが奥を学ぶということになる。

知識は入り口に過ぎません。知識を増やすだけでは何もなりません。知識を活かすことが知識を学ぶ意味。沢山の知識を持って使い方を知らない人から学ぶよりも、たった一つでもその活かし方を知っている人に触れた方が遥かに役に立ちます。

全ての出来事の奥には眼には見えない、不思議なコツが隠れています。意味が分からないけれど難しい本を真剣に読むと、奥を見るために必要な何かが変わっていきます。

小林秀雄さんの著書にはこんなことも書いてあった。正しい質問が出来れば、答えは手にしたのも同じだと。

セミナーの前半は、トンチンカンな質問をする受講生たちもいた。その質問に意味はない。そんなことを感じていた。

施術をする時に形だけを知っていて、カラダの奥の動きを知らない。知らないから施術は下手くそ。それで色々な知識は多いから、色々と受講生に教えたりする。知識だけで中身がない。その教えを聞くと教わった方にも変な癖が移る。

これは施術だけでなく格闘技でも同じだった。真摯に向き合い続けていると、知識を超えた何かがカラダの中から滲み出て来る。それが少し見えてくると質問したくなる。ぼんやりと見えているところまで待てないと質問の答えを聞いても理解が出来ない。

格闘技でパンチのかわし方、反撃の仕方の知識がいくらあっても試合では使えません。使えないどころか、知識が多いと試合中に混乱してしまいます。

試合でスッと動く。本当はこれが一番の知識。ただしこれはなかなか理解するのが難しい。だから段階を踏んで分けて教えていく。技の知識はそのまま役に立つことはない。技の使い方は教わったことをただ黙々と繰り返して身につける。黙々と続ければ段々カラダが変わって来る。そうなった時にだけ見える世界がある。カラダが変わった時には次にやるべきことが何となくぼんやりと見えて来る。その時に出て来る疑問こそが正しい質問なのだろう。そこまで自分でやればホンの少しのアドバイスで答えが出る。ただし誰に聞くのかが大切になる。そこまでやって来た人から聞かなければ、答えは的外れになる。何を習うかよりも誰に習うかは確かに大切になる。

ちょうどその頃にこんな話を聞いた。それは昔の日本の教育の話。

昔の日本の教育とは武術が日常に存在した時代の教育。

その頃の幼い子供たちが最初に受ける教育は論語などの素読。素読は声を出して読むこと。そして読みながら素読を暗記していく。これが一番初めの教育だった。意味が分からないまま論語を暗記する。幼い頃の記憶力は大人の比ではない。低学年で暗記する掛け算の九九は一生忘れない。

意味が分からない論語を毎日声を出して素読し暗記していく。それが終わる頃に一般教育を始める。江戸時代までの日本人は驚くほどに頭が良かったらしい。そして物事の判断も誤らない。

言葉には意味があります。意味が分からなくとも毎日声に出して読んでいると、脳に変化が起こります。正しく難しい言葉には不思議なチカラが秘められています。

初めに論語を素読することで脳が見えない世界を理解出来るように形成されていくのでしょう。江戸時代の日本人の娯楽は幾何学を解くことだったという話もあります。娯楽が少ないのもあるでしょうが、学問でなく娯楽として幾何学に親しむ知的レベルが非常に高い民族が古い時代の日本人。

武術の盛んな時代の日本人は現代の日本人の知識では理解不可能なレベルにある。

幕末に日本を訪れた海外の人々が日本人の知的レベルに驚愕したとの記録もある。

小林秀雄さんと岡潔さんの著書に共通して出て来る人物がベルクソン。

これは前田さんに初めに教えてもらって読んだ一冊の著者。

そして紹介してもらった本の中に数行書いてあった人物がベンジャミン・リベット。

読んで難しく理解が出来なかった色々な本が時間が経つと繋がり、武術の原理の再発見に繋がっていく。この2人の著書には武術の原理に繋がることが書いてあった。


それを以下の章で書いていきます。


前田さんに何度か質問されたことがあります。

「お前の先生は本を読むか?」

島津先生も大変な読書家です。

「そうか、それは本物だな」

時間が経つと段々と意味が見えて来ました。

江戸時代前の武士は読書に費やす時間が多い。そもそも初めに受ける教育が論語の素読。

日本人は少ない言葉で、奥に隠れている意味を知ることに長けていた民族。

難しい本を読むことで、奥を知る能力が磨かれていく。柳生だけでなく、古い武術には人知を超えた教えが多い。人知は知識であり、知識を超えるものを手にするには人知を超えた理解力が必要になる。

日本人は俳句や短歌の中に心情を映し出す。情緒を感じるチカラがなければ俳句や短歌はただの短い説明になってしまう。短い言葉の内側を見るチカラがあれば、ただ多くの言葉を並べるよりも心情が伝わる。言葉が多過ぎれば気持ちは伝わらない。

源義経の本もセミナー期間に読んだ。その中にこんなことが書いてあった。

当時の京では恋愛の想いを告げるのに短歌でお互いに伝え合った。短歌が出来なければ上等の女性と恋をすることは出来ない。

秘めたる想いを、綺麗に包んで、奥には情熱的な想いを隠し相手に伝える。そのようなことが出来ないと女性に相手にされない。全てにおいて奥に隠れるものを見るチカラが求められた時代に武術は存在した。武術を理解するには本を読むことは欠かせない。

大分読み方が変わった頃、前田さんとこんな話をしました。

「小説とか好きで読んでいたんですが、小説はただ面白いだけですね。

本には思考の奥を変えるチカラがあるんですね。

前田さんに教えてもらって、色々なモノを見る時に感じが変わってきました。」

電話の向こうで、前田さんが、「そうか」。

何となく笑顔でそうかと言ってくれた気がしました。

③ 武士の意外な事実

色々な本を読んで意外な事実が段々と見えて来ました。一冊だけでなく何冊にも同じようなことが書いてあったり、小説ではない大学教授が書いた本にも書いてあったり。不思議な偶然が続きました。

過去の本当のことは分からない。過去を見るには過去に入り込む必要がある。入り込むには当時と現在の生活の違いを知らなければ決して入り込むことは出来ない。武士に関する意外な事実が沢山の本を通じて見えてきた。これもまた機縁だったのだろう。

古い時代の身分制度士農工商、上から順番に偉いようなイメージがある。武士が一番偉く、お百姓さんは食物を作って国民の食生活を支えるから武士の次に偉い。次が職人、日常で使う道具も暮らしには欠かせない。それを売って生活する商人は一番下。

テレビや小説ではこんなイメージがある。ところがそうでもない。ここからは室町時代の意外な事実を大学教授が書いた一冊の話より。

士農工商の一番上の侍。

ところがこの本には実際には当時はこう思われていたと書いてあった。

「侍は一番情けないよね。

だって侍は殿様や上の人の顔色伺って生きてるんだから！」

えっそうなんだ！

上司の顔色を伺って部下にも尊敬されない中間管理職のイメージが当時の武士。

そのような逸話が書いてありました。

次のお百姓さんは、とても偉い。天候に左右されても毎日きちんと働いて、天候によっては作物が台無しになるのに毎日汗水たらして働いてくれる。お百姓さんがいないとみんな飯が食えなくて困ってしまう。だから、とても尊敬されていたと書いてある！

そして商人や職人たちは、自分たちのことをこう言っていたという。

「俺たちだって景気に左右されて困ることもある。だけど俺たちは景気の上下を上手く利用するとかえって儲けることも出来る。

俺たちは自分の知恵一つで自由に生きて大儲けすることだって出来る。」


えっ一番自由が無いのは侍なのか？

室町時代には侍じゃなくとも刀を持っていたりする。しかも強い。

これもまたえっそうなんだ！


侍と桶屋さんが喧嘩になった時の話が書いてあった。

桶屋さんが怒って仲間を集めて侍を殺しにいったという。やって来た桶屋の集団に侍も仲間を集めて応戦した。

物凄い時代だ。

桶屋さんたちが侍をどんどん切って殺したという。侍だからと言って特別に強い剣豪ばかりではない。

市井の人々も刀を持って武術を稽古してたんだろう。

織田信長公が刀狩りをやったのは、市井の人々が強過ぎるから。刀狩りがあるんだから、その前は刀を持っていたのが事実。

侍が強くて、切り捨て御免のイメージが崩れていく。

お百姓さんたちはどうだったんだろう？

しっかりと書いてありました。

お百姓さんたちも滅茶苦茶強い。

戦国の足軽は農民が主戦力。戦で最前線に立つのが足軽。走って来る馬に向かって、足を攻撃し落ちて来た侍を殺す。

弱い訳がない。

そう言えば島津先生に聞いたことがある。

「農民って強かったんですか？」

当たり前だろ。日々百姓仕事してカラダを鍛えてるのと同じだろ。

昔は機械なんてないんだから。

百姓は足軽だから武術もしっかり出来る。

侍も百姓は怖いんだ。

だから百姓には戦の時以外には槍は持たせない。槍は強力な武器だから普段持ってると危ない。

百姓一揆とか侍は恐れていたんだ。

普段は踊りで槍の稽古をしていたんだ。槍を百姓が持ってると怖いんだ。だから普段は持たせない。

家に槍があって百姓一揆されたら侍も危ない。

槍を持たずに踊りで稽古した。それでも戦になれば強かった。

戦で役に立たないような槍の稽古は意味がない。踊りで充分に実戦に間に合うから藩がそうさせた。

ガタガタとイメージが崩れていく。

現代では戦争には行きたくない。行きたいと思う人はきっといない。

ところが当時は大喜びで行ったという。

一体何故なんだ？

その理由は戦で勝てば、勝った方は負けた側の土地で自由に略奪が許されていたから。勝ったらその土地のあるモノは取り放題。

しかも人を殺せば首の数だけ報奨金がもらえる。戦に勝ったら負けた方の首を切り落として持っていく。首の数だけお金がもらえる。

農民たち何て恐ろしいんだ。

抜け駆けという言葉がある。現代でも「抜け駆けするなよ。」などと使う。

戦の抜け駆けとは、勇んで飛び出すこと。抜け駆けの多くは武士に対する言葉。

農民たちは喜んで戦に臨む。その理由は略奪自由の権利と取った首の数による報奨金。

農民の楽しみを侍が取ってはいけない。武士が先に戦に出て多くの相手を殺すをやってしまうと、農民の取り分が減ってしまう。

武士が抜け駆けをすれば、農民は戦に参加してくれない。

足軽農民がいなければ数で戦に負ける。農民は侍よりも遥かに数が多い。だから武士は戦に備えて農民を大切にしなければいけない。

農民の戦の喜びを奪ってはいけない。

戦で勝つことは、普段手に出来ない報酬を手にするチャンス。

別にお国のためではない。だから農民は簡単に寝返る。弱い大名では農民に見限られる。


室町時代には尺貫法も地方によって異なっていた。年貢のコメの表向きは同じ。

コメは升で計る。計る升の大きさは地方によって異なる。収穫の大きな地域では大きな升。収穫の少ない地域では小さな升。

名目上は同じ年貢で同じ升の数になるが、実質は異なる大きさの升で計ってるので地域ごとの収穫量に合わせた農民に負担のない年貢になっている。

農民の方が数が多いし、侍に負けない位に強い。

現代、多くの人が持っている、虐げられた農民のイメージとは大分違う！


有名な桶狭間の決戦。

鉄砲の使用により大勝利を収めた逸話が有名。

もう一つ隠れた逸話がある。

首は報奨金に変わる。だからお金と同じ。

強い農民は首をいくつも抱える。持ちきれなくなれば家に首を置きに行く。戦で切り落とした首をなくしてしまえばお金をなくすのと同じ。

だからある程度溜まれば家に持ち帰る。それでは戦の効率が悪い。

織田信長公は火縄銃の連射以外にも革命を起こした。

首を集めなくとも良い。きちんと報奨金は出すから戦場を離れないでくれと。

火縄銃の効果的使用と共にこれを織田信長公が初めてやった。

隠れた軍事的な大革命。戦の効率が一気に高まった。それまで度々途中で抜けていた足軽はそのまま戦を続けるようになった。これも桶狭間の決戦の隠れた勝因。


武士の歴史のイメージがガタガタ音を立てて崩れていく。

腹が減っては戦が出来ぬ。

これもまた想像を絶する事実が隠れていた。

当時の死生観は現代とは全く違う。お腹が空いたままで戦で死ぬと、死んでから餓鬼道に落ちる。当時はそう信じられていた。だから戦に出陣する前にはお腹いっぱい食べる。そうすると死んでも大丈夫だと思いっきり戦で暴れる。

想像を絶する死生観。

何故死んでも大丈夫なのだろう。全く分からない。

これに関して小泉八雲さんの本に書いてあった。

これもまた偶然にブックオフにあったのを何となく買った。

江戸と明治の挟間の感覚が残っていた時代に小泉八雲さんは日本にいた。

当時の日本人には当たり前で、記録にさえ残っていない事実が沢山ある。あまりにも日常的なことは現代でも日記にさえ書かない。

西洋人である八雲さんには、全く別の常識の数々に驚き興味を持った。

こんなことが書いてあった。

この国の人々は死を恐れない。何故ならば死んでも生まれ変わるという思想が国民にある。国民のほとんどは生まれ変わりを信じている。

いま生きている結果が次の生まれ変わった自分を決める。だから汚い生き方をして儲けようとか思わない。汚く生きるよりも綺麗に死んで来世で綺麗に生きることをほとんどの国民が望んでいる。

戦に出て勇敢に戦って死んだとしても、次は良い生き方が出来る人生が待っている。

いま卑屈に生きれば、生まれ変わってまで卑屈な人生が待っている。

これが武術を支える忘れられた日本人の思想になる。

4 生類憐みの令

日本人はキレるとすぐに刀を持ち出して人を斬る。他人のみならず、自らの間違いにも自らの腹を斬る。現代では到底理解が出来ない常識。戦での戦いも、宝くじを買うかのように一攫千金を目指して喜々として戦に向かう。どこまで本当なのかは現代からは想像するしかない。

この時期に読んだ本にはこのことが多かれ少なかれ書いてあった。特に狙って調べるために本を選んだ訳ではない。ただ読んだ本のほとんどにこのような場面が出て来た。

ちょうどその頃、前田さんと電話で話をした、その時にも昔の日本人は日常的に殺傷沙汰があったと聞かされた。江戸時代になってもこの風習は残り、侍が新しい刀を手にすると夜に町に出て、試し斬りをしたなどと教えてもらった。現代で新車を買えば長い距離のドライブをしてみたくなるような感覚で新しい刀を手にすると人を斬ってみたくなって、辻斬りとかをやったらしい。沢山の本を読んで本当かな?と思っていた頃に、同じタイミングで前田さんから聞いた話。

これもまた機縁なのかもしれない。

歴史の教科書に書いてあった位の記憶しかない。徳川5代将軍綱吉公の「生類憐みの令」…犬を殺したら大変な罰を受ける。人よりも犬を大切にした天下の悪法。などというイメージがある。

前田さんが教えてくれた。あれは犬を殺すなじゃない。人を簡単に殺した時代に人を殺してはいけないという禁止令が隠れている。犬を殺して駄目なのに人を殺して良い訳がない。言われてみれば確かに人を殺すなと制度を作るよりも、全ての命を勝手に奪ってはいけないとした方が効果は大きい。現代で人殺しを禁止するのと昔では常識が異なる。

少しだけ調べてみると生類憐みの令が禁止となった以降も、捨て子を禁止するとか、現代にも通じる制度は残されている。全ての命を勝手に奪ってはいけない。強烈な禁止令で常識を変えた可能性は否定できない。


強烈な個性を持った日本人。戦国の世では士農工商みんなが人殺しを簡単に出来るレベルの武術を修めていた。江戸時代においてさえ試し切りや辻斬りが横行し、それに対抗するために庶民も武芸を磨いた時代があった。やがて平和な世となってゆく。

江戸時代において武術は衰退したとされる。ところが幕末に英国と薩摩で起きた戦争では薩摩が勝っている。幕末に日本にやって来た諸外国の人々は衰退したはずの武術を見て驚愕したという記録が多数残っている。平和な時代とされる江戸時代。少し調べてみると現代の平和とは全く異なる平和。戦国時代から比べると物凄く平和。現代から比べると相当危ない時代。

江戸時代において武術は発展昇華したとも言われる。また、平和な時代ゆえ武術は衰退したとも言われる。平和という尺度が全く異なることを基準に考えてみると、江戸時代に完成した武術には別の見方をすることが求められる気がしてくる。

現在の武術の見方では未だ解明していない沢山の隠された事実は存在している。これは健康に関しても言える。同じカラダで別の結果がいくつも出て来る。人のカラダは同じ。生まれた時にそれ程の違いはない。生まれて育つ過程で段々と大きくなる個体差。スポーツや芸術その他諸々、そして健康面と寿命においても大きな違いが出て来る。その理由は未だ明らかではない。

同じ街の景色は見る人によって別の景色になっている。警察官が見る街並みは、犯罪者に合わせた平和を元に出来る。不動産会社の社長であれば資産価値。同じ景色は別の街並みに現実には見えている。警察官が見える景色は一般人には見えない。それと同じことが武術の稽古には当然存在する。初心者と達人では見える景色も違うし、相手の見え方も異なる。

その誤差を埋めるものは稽古の量と質。稽古を進める上で欠かせないモノが師より贈られる口伝。口伝とは上達のヒント。口伝は理解出来ない段階ではただの言葉になり、理解出来る段階まで来た者には宝の一言になる。口伝一つを理解出来れば一足飛びに上達する。

口伝の表面は誰でも分かり、理解出来た気になる。ところが口伝の奥を知り宝に出来る者は達人の数しかいない。


口伝もまた機縁である。機が熟した時に口伝は宝と変わる。


古い時代の知恵を知るには、古い時代の現代とは異なる常識を知り、古い時代の景色を見つめ、やがてその景色の中に入り込むことで眼には見えない奥に隠れる感覚、言葉では表現しきれない感覚に通じる必要がある。

稽古とは先人と同じ感覚になることを言う。

先人が暮らした景色を知ることもまた稽古には欠かせない。

常識の陰に隠れるものが新しい発見。陰を映すには光が欠かせない。知られざる古き時代の日本を知ることは陰を知るための光となる。

次章からは格闘技や武術の陰の部分をそして健康に関する陰の部分を書いていきます。陰とは眼には見えない奥の部分。陰とは医学や科学では未だ証明されていない部分になります。自分の体験から見えた陰の部分。それは医学では未だ証明されていない部分にもなります。ところが実際にやってみると再現性が高い。誰でも出来るような簡単な一般にまだ知られていない運動や原理。初歩から段々と上級へと進みます。

読者の方で医学や化学の専門家がおられれば、ぜひ間違い等あればご指摘ください。またご意見等あればぜひ編集部までご指摘ください。

この新しい身体論は未来の身体論であり、１０００年も前の常識的身体論だった気がします。１００年前の医学は今から考えれば非常に拙い。ところがこれから１００年医学が進歩しない訳がない。

そうであれば現在の医学も100年先には拙いものに変わります。
西洋医学に欠けたものは古い時代の東洋医学に大きなヒントが隠れている。
これはヨーロッパ辺りの最新医学に見られる考え方です。

武術の本当の原理は未だ解明されてはいません。
その秘密を陰…見えない部分に光をあて探った身体論。
次章からの文章の中に隠れている陰をぜひ沢山見つけてください。

第7章

格闘技と武術に共通する上達するコツ

1 鮮やかな勝利の見えないコツ

格闘技の時代に色々と不思議な体験をしました。グレイシー柔術を学ぶ前と後では別人のように変わりました。

グレイシー柔術を学ぶ前は闘うための身体能力は高く、多分勘も良かった。ところがそれを支える精神が弱く安定しなかった。だから鮮やかに勝つ試合と呆気なく負ける試合の差が大きかった。これはこれで見てる方には面白い。判定まで行かない試合は面白い。選手が勝つか負けるのか判定を考えない試合は面白い。だから人気があるプロ選手だった。判定を考えないで闘う試合。リスクを背負っても大技を連発する。

勝つ時には派手な大技で勝つ。若手の頃から華がある選手と言われていた。

強い事はプロにとって大切。アマチュアでも大切。プロは強さと共に華がなければ観客に響かない。華があることも眼には見えない何かの差。華の奥に隠れる意味が分かれば誰でも人気者になれる。

デビュー戦では攻めまくっての判定勝ちでお客さんが喜んだ。息をするのを忘れるくらい攻めまくった。終わってから、「これからずっとこんな試合するのか？　物凄く大変だな！」

シュートボクシングのリングにて。

そう思ったことを今でも思い出せる。

ここで大きな勘違いをしていたことに気がつくのはグレイシー柔術を学んでから。

試合で大切なのはペース配分と試合のゲームプラン。試合全体の中で上手くペース配分をして緩急をつける。試合全体の流れを常に感じて支配する。

その場のコンビネーションだけでなく試合全体の流れを知り、その中で現在の最善の動きをする。その場しのぎのような動きしか出来なければいくら良い動きでもプロとしては初心者に過ぎない。

攻める時にもそこでガス欠になるような無茶はしない。試合全体の中で自分のスタミナを考えて、そこで攻めて良いギリギリまで攻める。

ギリギリを超えてしまえばガス欠になる。試合中にガス欠になれば勝てる要素は激減する。相手の攻撃を受けて素早く返す。これは格闘技の基本。ところが常に素早く返せば自分のスタミナも消耗する。同じ素早さだけではプロには通じない。どんなに素早く返しても相手はタイミングを掴み始める。だから試合におけるペース配分と戦略が必要になる。時にはわざとゆっくり返して相手のペースと勘を崩す。これが上手いプロの攻防技術。

上手い選手なら幾通りも攻防のパターンを持つし、試合中に技をやり取りしながら体力を回復させたりも出来る。この強さを支えるのは肉体ではなく頭脳。こういった選手のことを格闘ＩＱが高いなどと言う。

グレイシー柔術以前はこのＩＱが極端に低かった。というより存在自体を知らなかった。（笑）カーリーグレイシーに教わってから全てが変わった。

シュートボクシングの頃は若手でもあったので、ゲームプランではなく出たとこ勝負。それでそこそこ勝ってきたのだから出たとこ勝負の天才だったかもしれない。

デビュー２戦目は究極の出たとこ勝負が良い感じで出て来た試合。右のハイキックを思いっきり蹴ったら上手く両手でブロックされた。ハイキックは片足の時間が長い。蹴った足が降りてバランスが戻る前にパンチが来たら危ない。蹴り足を降ろすまでの時間は危ない時間。

バランスが弱い時間にパンチを喰らうと威力が倍増する。しかもこの時は近距離から狙ったハイキックなので、相手の手が出ればパンチをもろに喰らう距離だった。

ブロックされた瞬間やばいな、そう感じた。感じた瞬間に何故か反対側の左足でハイキックを出していた。出していたというより勝手にハイキックが出ていた。

その時は避け切れない相手にとってとても美味しい位置にいた。相手はパンチを狙う意識になっていたのだろう。そこに左ハイキックが跳んできた。何しろ蹴った本人が意識していないんだから相手には見える訳がない。ハイキック一発で相手は、前のめりに倒れた。試合後対戦相手の頬骨が陥没骨折していることが分かった。

気合が入った試合ではよくこんなことが起こった。その時の技は全てスッと出る。自分が出そうと思った訳ではない技がスッと出る。何度も不思議な体験をした。スッと出ないと上手くいかない。判定勝ちだったり、鮮やかにKOで負けたり。

ゲームプランを知らなかった時期。気合が入った試合では不思議な動きが出て来た。本当のプロは全試合集中して気合を切らさない。試合によって波がある選手はそこそこの選手。波がとても大きかったので人気が出たという珍しい選手だった。

グレイシー柔術を学んでからも、この不思議な状態になった。思考を動きが追い越すような不思議な動きは実際に存在する。

②ベルクソンそしてベンジャミン・リベット

前田さんに勧められて読んだ一冊。ベルクソンの『物質と記憶』。あの時難しい本を初めて読んだ。

何だか分からないけど最後まで読んだ。途中で一つだけ理解出来た気分になった文章がある。

「人は自分の意思で行動しているように見えて実はそうではない。」

本のタイトルである物質と記憶。人の行動は思考以外に大きく左右される。

物質とは環境でもある。人は環境によってやることは既に決まっている。シュートボクシングのリングの中でやることは、シュートボクシングルールの試合。だから試合時間に行うことは決まっている。人は記憶にないことは出来ない。格闘技で言えば知らない技は出来ない。シュートボクシングのリングで繰り出す技は予め練習して身についた技だけになる。

つまりリングという環境の中で行われることは限定されている。格闘技にはルールがあるのでその中で許された技だけで闘う。試合で繰り出す技は、選手が練習で身につけた技になる。

プロであれば、テクニックは潜在意識レベルにまで落とし込まれる。相手とのポジションや相手が繰り出す攻撃や防御の動きに合わせたそれぞれの選手が身につけたテクニックは経験によって決まっている。経験に落とし込まれた記憶（動き）は意識に現れる前に既に無意識では動きの準備が始まっているという。

『物質と記憶』を読んで理解した、これがたった一つの理論。

何となく意識を超えて思考の中に物質と記憶が入って無意識の中で熟成しようとしている頃。手技伝セミナーの前に読んだ一冊『物質と記憶』から新しい広がりを引き出してくれた。

ベンジャミン・リベットの著書の中にもベルクソンの名前が出て来ます。ベルクソンよりも後の時代に研究をしたリベットは、医学や科学の進歩により、より深く物質と記憶に関する研究をすることが可能になります。

リベットの研究は、格闘技や武術における心身の動きに関する新たな発見に繋がりました。

『タイムオン』という本にはタイトルのタイムオンに関する著述が数多く出て来ます。

ベルクソンの著書にも書いてある、人は行動する前に物質と記憶によって行動は決まっているという定説に関し、患者の脳に電極を刺し具体的に検証するということで実証していった研究の中にタイムオンというフレーズが出て来ます。

リベットの実際に人体の脳に電極を刺して実験を繰り返し発見した事実には以下の発見があります。


人は意識でカラダを動かす前に、無意識では既に動きが始まっている。意識と無意識の動きの間には時差が生じる。その間に人間の脳が出来ることは無意識から浮き出た行動を止めることだけである。


例えば日常でのよどみない会話。実際によどみなく浮き出るように出て来る言葉の全てが意識の元で出ている訳ではない。会話をする相手によって話す内容は予め決まっていて、話をする人の知識（記憶）によって会話の内容は大体決まっています。

流れるように調子よく喋って、本当は言わなくとも良いことを思わず喋ってしまった。こういった経験は誰でもあるのではないでしょうか？　そんな時には無意識に喋ってしまったと後から後悔をしたりします。

予め決まっている心の奥から出て来る言葉、それを制御するために意識と無意識の間には時差

例えば高速で左ジャブを放つ、という時、一般には、脳がその指令を出し、その結果として初めて体が動き始めると考えられていたが、実際には「左ジャブを放つ！」という意識が脳に起こるその0.5秒前に、体は動き始めているという。

ベンジャミン・リベットの説

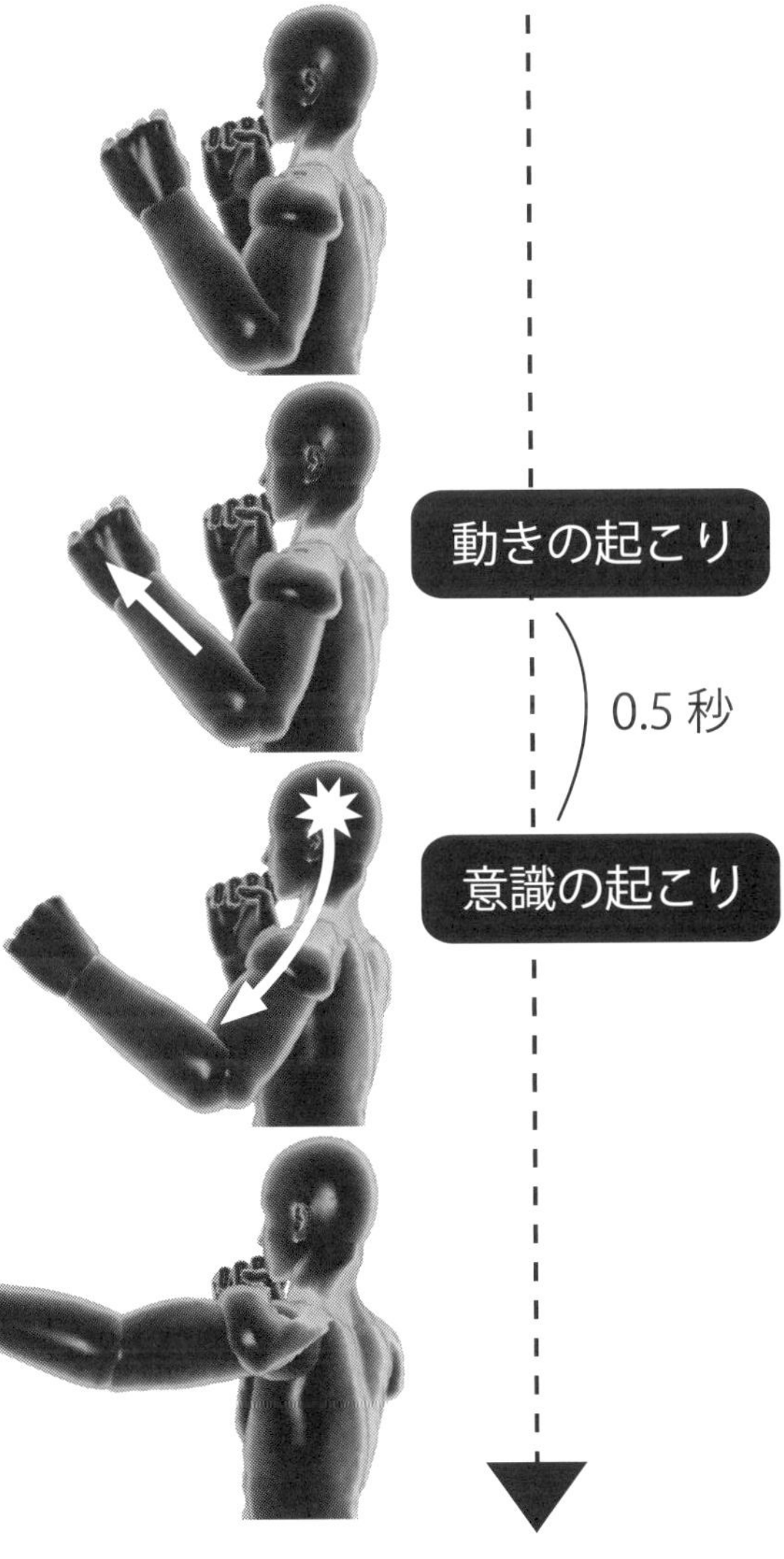

があるのかもしれません。これは会話だけでなく、人が行う全ての事象にあてはまります。
人は会話の全てを記憶することは出来ません。言葉を選ぶようにじっくりと喋ると早口で喋るよりも会話の記憶が鮮明に残ります。

無意識が現れた行動を自覚し記憶に残るには一定の時間が必要になります。一定の時間と言ってもその時間は500ミリ秒（0.5秒）ほどです。この時間が経過した行動は実際に自分が感じることが出来ます。格闘技や武術の攻撃は0.5秒よりも早い。格闘技だけでなくほとんどのスポーツの動きに関するスピードも0.5秒以下で対応することが求められます。

人の流れる様な綺麗な動きは関節や筋肉の複雑な動きの組み合わせによって可能になります。この時に動き全体で捉えるのと、断片的な動きで捉えるのでは動きに大きな差が生じます。断片的な動きはギクシャクした動きです。動き全体のイメージを綺麗に潜在意識にまで落とし込み、動きを意識しないでもスッと出て来るようにまで高めることが、全てのスポーツだけでなく日常動作や仕事にまで通じる習熟の基本です。
自転車は考えると乗れません。考えないとスイスイと乗れます。無意識にまで落とし込んだ動きを邪魔するものは意外なことに意識なのです。

格闘技や武術だけでなく人が行う全ては余計な考えがスムーズな動きを邪魔します。緊張すると余計な考えが出て来る。そうなると無意識に始まった正しい動きを意識がストップします。無意識の動きに対して意識が出来るのは行動にストップをかけることしかないからです。ベンジャミン・リベットのタイムオンには面白い研究結果が沢山出て来ます。

ベンジャミン・リベットは優秀な研究者ですが、格闘技や武術に関しては素人ですので、ここからはリベットの研究成果を元に格闘技や武術に共通する仮説を立ててみたいと思います。

3 夢想剣

武術には夢想剣という教えがあります。無念無想の状態が勝利に近い心身の状態である。これは余計な考えによって起こる力みが心身ともにない状態と解釈することも出来ます。では具体的な余計な力みのない状態とは？　リベットの著書にこんな一説があります。

街中を車で走っている。この時にもいちいち全ての動作を意識している訳ではない。変わる街並みと道路を走る周囲の状況を全て意識で把握していては車の運転は出来ない。予め無意識に落とし込んだ運転の記憶により運転は正常に出来る。道路の変化も同じように予め無意識が予測して行動している。通い慣れた道では気軽にドライブが出来る。初めての道だったら緊張する。もしも海外で運転したら走行車線が反対になるので戸惑って運転は相当難しくなる。潜在意識にまで落とし込んだ技術は、考える前に既に動きが始まっている。そして全てを意識しないでもスムースに行うことが出来る。意識すると動きがギクシャクし始める。

日常で慣れ親しんだ動きで、それに気がつかないのはおそらく脳の機能がそれだけ多くの情報を処理し切れないからではないか？　これはベルクソンの著書に書いてある。

スムースに流れる動きは潜在意識の元で思考よりも前に既に始まっている。

通常の流れであれば運転はスムーズに行われる。

ところが車の走行中に突然、目の前にボールを追っかける子供が現れた。この時のカラダの反応は0.5秒よりも早い。無意識にブレーキを踏み込んだ早さのお陰で交通事故を未然に防ぐことが出来た。

この時の反応は通常のスピードを遥かに凌ぐ。リベットの研究によって格闘技や武術の不思議な現象を紐解く鍵が見えて来た。

通常を遥かに凌ぐ早さが出た時間、意識を超えた行動の際には人は何も感じないという。意識を超えた早さは脳で感じることが出来ない。脳に電極を差し込んで導き出された研究の成果。リベットは格闘技や武術のための研究ではないので研究成果を経験値と重ね合わせて仮説を立てるしかない。


デビュー第2戦で右のハイキックをブロックされた際に、パッと光るような感じがして気がついたら左ハイキックで相手をKOしていた。意識を超えた行動は感じることが出来ない。だから記憶にも残らない。

素手のバーリトゥードの試合。緊張感が極限まで高まった試合。そして緊張感の中でカラダが自由に動いた試合。ここでも不思議な経験をした。全ての動きが無意識に出た。

相手にタックルを決める。タックルで持ち上げて寝技に。ここらでようやくタックルした映像が見えた。テイクダウンして遅れてその映像が見えた時にはマウントポジションからパンチを連打していた。自分の行動を後から追うような不思議な映像をこの日の試合で本当に見た。見えた場所は自分の上からだった、自分を上から少し遅れて眺めているような不思議な映像だった。

リベットは格闘技の経験がないからこのような実験の発想はしなかった。したとしても脳に電極をつけて試合が出来る訳がないのだから、この記憶は正しいとも嘘とも誰にも証明は出来ない。通常タイムオン…自分の行動を感じて記憶に残すには一定の時間（0.5秒）が必要になる。それを超えた早さが意識の中で出るには、意識を極力抑えた本能に近い速度で試合の中で判断し動かなければいけない。その時間は早すぎて脳（意識）では捉えられない。その時には意識を超えた早さとチカラが潜在能力の中から出て来る。

意識を高めるのではなく、意識を消すことが意識を最高に高める秘訣。最高の動きとは意識を超えた何も感じない状態。夢想剣そのもの。

この日の試合ではグレイシー柔術の本当の基本の技が出た。初心者が習うような本当の基本の流れで完ぺきと言えるような勝ち方をした。

リベットの著書にはこのようなことも書いてある。赤ん坊が生まれて一か月位目が見えないというのも、実は初めから見えていても、何も経験していないから見えないのではないか？という仮説。

確かに赤ん坊は生まれた瞬間から周囲を見渡すようにしている。周囲にあるものを自覚できるようになるまでに一か月。そこから自分と周囲の関係などを無意識に段々把握していく。3歳位になれば自我が出来て来る。それまではタイムオンしていない。目の前の物を見ても自覚出来なければ見えていないのと同じ。段々と見えて来て周囲と自分の関係も見えてくるのが3歳位。自覚出来ないものは記憶できない。人は3歳くらいまでの記憶がないという。自覚が始まった時から記憶が始まるのではないか。これは僕の仮説になります。


格闘技の初心者がもし試合をしたとしたら？　格闘技を知らない人がいきなり試合に出たら。これは危険なので推測になります。おそらく何をやったら良いのか分からない。そしてあっさり負けます。その時おそらく試合に関する記憶はないでしょう。試合をやったことがないのだから何をやったら良いのか意識でも分からないし、当然無意識にもない。

格闘技の経験を積めば無意識の内側に沢山のテクニックが入り、試合のルールという設定によって無意識に動きが始まる。この時に余計な考えを捨てる。無想の心身になる必要がある。そうすると潜在意識が選んだ最適の動きが出て来る。その時には脳が意識で把握出来ない早さの指令を確実にカラダがこなしている。

素手のバーリトゥードは余計な考えは一切出なかった。ただやるしかない。それだけの状態でリングに立った。その時に無意識に出て来たのは、グレイシー柔術の基本中の基本。無意識が選んだ動きはドンピシャで圧倒的な勝利を収めることが出来た。

全ての技を無意識に落とし込む、そして恐怖という無意識を邪魔する最大の敵を抑え込む。単にカラダを鍛えて技術を覚えても、プロの超一流の選手との大きな差は消えない。体力と技術を鍛えるだけでは決して超えることの出来ない壁は意識と無意識の関係性を知ると段々見えてきます。

素手のバーリトゥードの一か月後ブラジルでやった試合でも不思議なことが起きました。

今から30年近く前1995年。ヒクソンチャレンジというトーナメントに出場した。ヒクソンは当時の柔術界そして総合格闘技のスーパースター。優勝すれば、ヒクソンと闘えるというトーナメント。

初日の興行は満員の観客が会場内にいるのに、何と中止。当時のブラジルは経済危機の時代、怪しい興行師もいてトーナメントの主催者がそうだった。初日にファイトマネーが用意されていなかった。契約では試合前にファイトマネーが支払われることになっていた。選手は契約と違うと言って試合出場を拒んだ。その結果その日の興行自体が中止に。

怒った観客たちが大暴動。ここでまた更に恐怖感が大きくなった。

翌日には興行があった。試合前にプロモーターから「ファイトマネーは半額だけしか用意できなかった。申し訳ないが残りは手形で払うから試合をやってくれないか？」これは絶対怪しい。不渡り手形という今では死語となった言葉がすぐに浮かぶ。

選手みんな「それでは出来ない」、そう言いながら、みんな帰り支度を始めた。

それでもせっかく来たんだから試合やりたいな。物凄く怖いくせにそんなことも思ったりした。その時意識で止めることが遅れた。何故か「試合出ても良いよ。」そう言っていた。

確かに会話する時の潜在意識と顕在意識は違う。ホンの少し止める判断が遅れると言わなくとも良いことを言ってしまう。そんなことは本当にあるんだ。ベンジャミン・リベットの本と出会う30年近くも前に経験してました。

1人がそう言うと場の雰囲気が変わることは本当にある。

この小さな日本人（トーナメントは無差別だった）がやるんなら、俺たちもやるか？初めに数人がＯＫして、その流れに乗るように他の選手も試合をすることになった。料金半額の試合。オプションで不渡り手形までがつくトーナメントが始まった。

意識と無意識は実際に大分違う。強気で言った割りには試合が近くなるとどんどん怖くなっていく。意識と無意識は交互に出たり入ったりもするのかもしれない？　リベットには無い経験からそんなことを思った。

この日の試合は始めは意識が出た。そして大苦戦した。出て来た意識は恐怖心。怖いから早く終わらせたい。

試合が始まるとタックルを狙った。ヤン・ロムルダーとの1戦では鮮やかに決まったタックルは何度も空を切った。意識が過剰だと、自分の動きが見える。ということは相手にもよく見えるのだろう。恐怖を重ねて出て来る思考はそもそも遅い。だからタックルは見え見えだったのだ。グレイシー以前の自分だったら、ここで試合を諦めたりしていた。

カーリーから教わった柔術はUNbeatable-jiu-jitsu。絶対に勝つではない。絶対に負けることがない柔術。試合の途中で閃いた。立ち技でグレイシー柔術の基本が出て来た。

相手に攻撃をしようと焦るとどうしても距離がずれる。焦れば意識が無意識に出てくる最適の動きの邪魔をする。そうすると考えた攻撃になり、遅い見える攻撃に変わる。

その時こんなことが閃いた。そうか当てようとするから危ないんだ。自分の攻撃を当てようとする距離は相手の攻撃も当たる距離になる。

ホンの少しだけ相手との距離をずらす。相手に気がつかれない微妙な間合いを取る。自分の攻撃が当たらないホンの僅かだけ長い距離に変えた。

ここから試合の展開が変わった。

このホンの少しの距離の秘密は、踏み込んでも自分の攻撃は当てることが出来ない距離。その代わり相手の攻撃も当たらない。この距離は数センチの微妙な距離。大きく離れれば相手は気がつく。このホンの少しの距離に変えると相手の攻撃は物凄くよく見えるようになる。まず相手を動かせ、動かされていることが分からないような罠を張るんだ。これがグレイシー柔術の秘密。カーリーから教わったグランドのガードポジションの基本がそれまでやって来た打撃に乗り移った。当たりそうで絶対に当たらない微妙な距離は本当にある。

恐怖は心身を萎縮させる。ところが恐怖心を上手く扱うと最高に自分を高めてくれる味方に変わる。

恐怖心が潜在意識の中にあった、グレイシー柔術と打撃を重ね合わせてくれた。

ここから試合は一気に変わった。あれほど怖かった試合は消えた。相手がよく見える。相手の打撃はもう当たらない。試合の恐怖心が極端に減った。

あれだけ怖くて萎縮していた心身がスッと解けて、試合中に大技のバックキックまで繰り出していた。もっとも当てるつもりのない大技だったが。


相手はドンドン焦れて来て自分を見失いつつあるのが分かった。いつの間にか相手とくっ付いていた。自分の思考をどんなに高めても距離を詰められなかったのに、いつの間にか距離が縮んでいた。そのままテイクダウンして関節技を極める。この時相手の関節が柔らかかったのもあって、上手くアームロックが極まらなかった。それよりもテイクダウンをして安心してまた余計な意識が顔を出していた。意識は試合の邪魔をする。

それでも相手を逃がさないままマウントポジションをキープしていた。そのうちに余計な考えが消えて、思考が変わったのだろう。スッとカラダが楽になったのを感じた。そこからアームロックから切り替えて馬乗りからパンチを打つ。相手はタフで根性がある選手だった。そもそもあの状況で逃げずに試合をする自体かなりタフでなければやらない。

意識と無意識の関係を間違った僕も、この時は潜在意識が引き出される良い時間だったのだろう。やったことのない技が無意識に出ていた。なかなか気持ちの折れない相手の頭を持ち上げて腕を離しながら反対の腕で肘打ちを顔面に上から叩きこんだ。

あれほどタフで折れない気持ちを持っていた相手はたったの一発で下を向いて逃げた。そしてそれに合わせたチョークスリーパーが極まる前にタップして負けを認めた。頭を持ち上げられて肘打ちを落とす、そのタイミングで腕を離されて下に落とされた頭がマットにぶつかる。一番弱い頭部を上下から挟むような攻撃。これには無意識にタップしたのだろう。アームロックが極まっているのに強い気持ち（意識）でタップしなかった相手は一瞬で無意識にチョークが極まる前にタップした。

この日の試合には空手衣を着て入場した。この頃は空手の正道会館に所属していた。

石井館長に本当にお世話になったので感謝の気持ちで空手衣を入場コスチュームにしたかった。そして空手衣を着て入場すると空手の技を警戒される。グレイシー柔術が使えることを隠すにもちょうど良かった。空手衣を着た日本人が鮮やかなグレイシー柔術を使って勝つ。勝った瞬間に会場のブラジル人たちから大歓声と拍手がやって来た。思いも寄らない試合の内容に観客は驚き大喜びだった。プロの選手は観客に驚きを与えることが人気の秘密になる。

ブラジルから帰国する時に、知らないブラジル人から声をかけられた。笑顔で握手して「昨日は凄く良い試合だったよ。日本にもグレイシー柔術が出来る選手がいたなんて驚いたよ。」

地球の反対側での出来事はなかなかスリリングで恐怖の分だけ帰国する空港での出来事は本当に嬉しかった。

実はこの試合の閃きは過去に教わっている。いつもは全く想いに浮かばない。潜在意識の中から最高のタイミングで出て来た。

教えてくれたのは二人の空手の先生。当たらない距離で闘うは、一番初めに格闘技を学んだ大道塾の東先生。高校生の頃だったと思う。東先生がこんな話を聞かせてくれた。その頃極真空手から独立して大道塾になった。大道塾は極真で禁止されている顔面への打撃と投げを認めた新しいルールを模索して新しい稽古をやっていた時期。(凄く昔のことだからもしかしたら時期はズレているかもしれない。）
その日東先生が聞かせてくれた話は、ブラジルで潜在意識から飛び出して、カーリーの教えと重なって助けてくれた。

その話とは、投げが加わって柔道を稽古に取り入れていた時だったと思う。柔道でも何でも、きちんと闘うと勝負になる。勝負になれば強い方が勝つ。ところが柔道で自分が投げることを捨てて、守りに徹する。ただ投げられないことに徹すれば実力差があってもそんなに簡単には投げられない。確かこんな風な話だった。長い時間をかけて潜在意識から出て来た言葉が同じように打撃で打ち合わなければそんなに相手は怖くないという閃きを引き出してくれた。

時を経て分かった。当時は知らなかっただけで、この原理はプロなら上手く使う秘密だった。特にボクシングは試合時間が長いので、攻めるラウンドと、攻めているように相手に見せてスタミナの回復を図るラウンドが必要になる。ただ逃げたらポイントを失うので、レフェリーやジャッジにも気がつかれない、それどころか相手にも気がつかれないような絶妙の間合いを使って相手に攻撃をさせてディフェンスを中心にして体力を回復する。体力回復しながらも適切に反撃もしなければ試合は成立しない。試合全体の中でペース配分を上手に行える。プロは闘う技術だけでなく試合全体を支配する格闘技の頭脳が必要になる。

頭を持ち上げてから肘打ちを落とす。この動きは一度も練習したことがない。一体何故そんなことが出来たのか、潜在意識の一体どこに隠れていたのか？

もう一人の先生は正道会館の石井館長だった。館長にはとてもよくして頂いて、稽古以外の時間にも色々な空手に関する話を聞かせて頂いた。レンガや石の試し割をする時の秘密は、一度持ち上げて上からの打撃に合わせて下の土台にぶつけること。こうすればある程度鍛えた空手家ならレンガや石を割ることが出来る。

この話も普段は完全に忘れていた。試合中にスッと出てきて。多分最高の答えだったのだろう。あっという間に相手の心が折れてタップアウトした。

この日空手衣を着て入場した。潜在意識を引き出すためではない。でも空手衣を着て苦戦した時に出て来た閃きは二人の空手の師匠が教えてくれたことだった。

意識と潜在意識は交互に出ることがある。リベットの経験のない格闘技の試合を通じてそんなことを感じた。全ての意識で行う行動を通じて人は経験を重ね内容を深くしていく。深くなった

内容の情報量は意識では処理し切れない。そのため全ての情報は潜在意識に貯蔵される。貯蔵された情報はおそらく潜在意識の中で熟成するようになっている。熟成を進めるのは意識の世界での様々な思考。熟成を司る酵母のような役割が意識。

熟成した潜在的なものは、意識の変異によって突然閃きのようにスッと出て来る。

天才数学者の岡潔さんの著書にこんなことが書いてある。岡さんの友人が脳の一部にだけ鉄分があることを発見した。そこは閃きなどを司る箇所。岡さんは閃きとは発火ではないか？　そのように記されている。漫画でも登場人物が閃く瞬間に豆電球のような絵が出て来る。一体誰がそれを始めたのかは分からない。考えついた漫画家が閃きを感じることは電気が点くような感じだったのかもしれない。リベットは脳のシナプスが働き全体と繋がることを著書で発火と記している。

意識と無意識の時間的関係において意識を超えた潜在意識に隠れ熟成されたものが現れる瞬間。閃きという言葉その時に起こる現象にもおそらくは電気的な何かの現象が起きている。

全ての事象の進歩は同じものが熟成されて見えてくる新たな景色なのだろう。赤ん坊は生まれた時にはこの世の存在を意識出来ない。やがて自我が確立され、思考が進み、それぞれの景色を見る。同じ景色の見える箇所はタイムオンによって異なる。目の前の同じ景色はそれぞれによって見え方が異なっている。格闘技で言えば経験の差によって相手の見え方は異なる。全く同じ現象が全てにおいて起こっている可能性は大きい。

意識を高め、無意識の動きを引き出す。そうすると潜在意識の中にある自分でも知らなかった不思議な技が出たりする。その時には何も感じない。リベットの研究を格闘技や武術に応用するとこういった答えが出て来る。

柳生心眼流には石火の機という教えがある。また心眼流では石火の間を教えて頂いた。石火とは火打石で火花が出る瞬間のこと。火打石で素早く火をつけるにはタイミングがある。体で起こす石火には骨格が関係する。骨格を火打石のように発火させるコツが石火。骨格は火打石のよう

柳生心眼流"石火の機"

外形的にはさほど大きな動きではないのに、サンドバッグの中心が揺れる。一瞬の爆発的な体遣いによるものだが、圧による骨格の電位変化も、全身を発動させるシステムとして大きく寄与している。

に接触による圧力で電位を高める。ライターの火打石が光り電気が発生しライターのガスが発火する。これをピエゾ効果と呼ぶ。

同じことが人体でも起こる。もちろんカラダに火がつく訳ではない。石火の機とはカラダが熱くなる程の一瞬の爆発的な動き。ライターの火はつけやすいような構造になっている。

そうでなければ売れない。人体の電圧を高めるには色々なコツがある。それを少しずつ意識で稽古して潜在意識に落とし込む。必要な時にいつでも出るように意識と無意識を交互に動かす。始めは呼吸と姿勢。そこから様々な口伝によって潜在意識下の能力を繋げ高めてゆく。次は動作の回数に関しての発見です。

4 無意識と回数の不思議な関係

武術と全く関係ない時にも答えが閃く。むしろ関係のないような時間にこそ沢山の答えのピースがやってくる気もする。環境と行動が変わると思考が変わる。思考が変われば意識が変わり潜在意識との関係性も変わり、閃きがやってくる。

手技伝の製作が始まるちょっと前のある日農作業を手伝っていた。確か秋ナスの収穫を手伝って、残った茎を畑から引っこ抜く作業の時。この作業をやるのは初めて。周りには年中畑に出て農業を生業にしている人が何人もいた。

自然に触れて農作物にも触れる。年に何度かだけど農作業を手伝うと何かがスッとする。手伝っている農場には色々な問題を抱える人たちが一緒に暮らして農作業を一緒にしている。集まってくる人たちはカラダよりも心の問題を抱える人が多い。特に何かを教える訳じゃない。一緒に生活してちゃんと朝早く起きてカラダを使って農作業をする。収穫した野菜を料理して毎日食べる。ここで作る野菜は全部完全有機栽培の無農薬。きちんと朝起きてカラダを動かせば夜も眠くなる。それまで使っていた睡眠薬の量が減り、段々使わなくとも眠れるようになってくる。そして住む場所の近くで収穫した自分たちで作った自然に近い野菜を毎日料理して食べる。

インスタント食品やコンビニの食べ物ではないものを毎日食べる。食べ物がカラダを作る。そしてカラダを動かすエネルギーに変わる。たったそれだけで心とカラダの色々な問題が消えてゆく。人の本来の暮らしに近い日常は薬よりもカラダに良いんだろう。

ご縁で繋がった人たちと一緒にいる時間はとても楽しい。ナスの茎を根っこごと抜く前にふと別の景色が浮かんだ。

遠い沖縄の空手道場の景色が浮かんできた。秋の農園から見る空はとても高い。暑い夏が終わった頃、空を流れる雲は入道雲からいわし雲に変わっていた。雲が流れる大きく澄んだ空は遠くと繋がっている感じがする。沖縄の空も広い感じがする。都会のように遮る高いビルがないから空気の流れも良い。農園も周りに遮るものがない。沖縄の明るい太陽が照らす空の色は濃い感じがする。沖縄の空手道場には窓から綺麗な光が差し込んでいた。

たった一度だけ会った空手の名人の先生。無意識の運動指令に気がつくきっかけをくれた先生。色々な先生のくれた答えが重なって出て来た無意識の運動指令。これが武術の根幹に気がつく始まりだった。

沖縄の空手道場の基本稽古は普段やるものとは少し違っていた。根本的なことに違いがあった。本土の空手、少なくとも自分が学んだ空手は10進法で基本稽古を行う。いちにさんと数を数えながら、同じ数の基本の技を行う。

この道場では10進法で基本をやったら次に2進法に変わる。1の号令で基本の技を2回繰り出す。1の号令で正拳突きを2回。師範が1と号令をかけるとエイエイと声を2回出しながら突きも2回。1号令で基本を2回繰り出す。2進法の稽古を初めて経験した。

次に1の号令で正拳突きや受けを3回に変わった。この時には掛け声も変わる。2進法はエイエイで2回掛け声をかけたのが、3回に増えると一息でエーイと変わる。一呼吸で3回基本の動きをする。この基本を繰り返すと2進法とはまた違ったカラダの感覚が起こる。たった1回だけ出させてもらった基本稽古が時間を経てカラダから答えを引き出してくれた。

ナスの茎を根っこごと引き抜く時にふと閃いてそのままやってみた。引っこ抜く動作を3つに分ける。①しゃがみながら茎を掴む。②腰を落としチカラを入れる位置が決まったら腕を締めて力を込める。③そのまま一気に引っこ抜く。

3つの動作を一息で行う。何本か抜くと動作が安定してくる。呼吸の間が短くなって一気にチカラが集まる。3つの動作をまとめて一息で引っこ抜く。5分もしないうちにタイミングが掴めてくると。全然力を感じないのに楽々と根っこごと引っこ抜ける。

カラダが楽に動いて疲れない。どんどん動きがカラダに馴染んでくる。一息で引き抜くとすぐ目の前に次のナスの茎がある。作物は綺麗に並んでいる。スッと息を吸ったら次の茎を根っこごと引き抜く。刀の素振りをしてるような感じでどんどん繰り返す。一気に一列ナスの茎を引っこ抜く。それを見ていた農場の指導員が「僕たちより上手ですよ。」と笑顔で話しかけてきた。

呼吸とタイミングでもカラダは変わる。タイミングの秘密は3つの動作。沖縄の空手道場の3は突きや受けの基本動作の数。動きを3回一呼吸で重ねる基本の稽古だったのかもしれない。何故あの日一つの動作を3つに分けたのか？　ただ何となく3という数字が浮かんでやってみただけだった。

理由は分からない。それでも自然にやっている。これが閃きなのだろう。閃きの後から答えが見えて来る。これこそが武術の稽古の進み方なのかもしれない。

考えてみれば何か重いものを持つ時にはよっこらしょっと掛け声をかける。よっこらしょも〝よっ〟と〝こら〟と〝しょ〟の3つ。よっこらしょの掛け声は一息で行う。気がついてみたら当たり前のチカラが増える基本。基本を正確にするとただやっているだけと全く違った効果が出て来る。周りのみんなが作業の手を休めて見る程に、初めての農作業は上手に出来た。

武術の答えは思考からではなくカラダから出て来る。意識と無意識が正しく働く時にカラダは何も感じない。これが極まれば、物凄く速い咄嗟の動きになる。その時には早さだけでなくチカラも大きくなっている。呼吸は無意識に行う。呼吸と動作は大きく関係する。ということは動作の数によって呼吸は変わり、呼吸によって心身の働きも変わる。変わる秘密は無意識に行われる呼吸に動作の数を固定したから。

5 呼吸を盗む

試合で相手を投げる時、関節技を決める時、打撃でKOする時。全て上手くいく時には何も感じない。緊張による意識の変化を上手く味方にするとこんなことが起きる。意識では出来ない程の不思議な能力は潜在意識の中に隠れている。

意識と呼吸は密接な関係にある。呼吸は無意識に行われる。意識で呼吸を制御すると無意識下のチカラがスッと引き出されてくる。稽古を重ねてある日気がついた。これにも手技伝での受講生たちとの関わりがチカラをくれた。

施術をする時に、途中で息をすると何かが抜けてしまう。集中力も切れるし、動きの流れも息をすると切れる。大切な動きの途中で息をすれば何かが切れる。一息つくとはよく言ったもので、息をすれば心身の弛緩が始まる。どんなに集中しても呼吸をすればそれは起きる。重い荷物を持ち上げる時に、おかしな呼吸をすれば腰を痛める。ぎっくり腰はくしゃみをしても起きるという。動きの途中でくしゃみをして、変な呼吸の抜け方が起これればぎっくり腰になるのだろう。呼吸の乱れは顕在意識と潜在意識の関係の乱れによっても起きる。くしゃみをした時にくしゃみに意識が変な向き方をすれば、潜在意識であらかじめ決まった正しい動きが意識のおかしな働きによって乱れてしまう。そうなれば腰に異常な負担がかかる。

呼吸を盗むという言葉が潜在意識の中から、手技伝というきっかけ、そして日常の稽古指導の中での意識の変化と共にスッと形になって出て来た。

正しい動きは意識出来ない程の早さで3つの動作が重なる。よっこらしょは3つ。足腰を落とすが1、胸を張って全身を繋げるが2、繋がったカラダを動かすが3。

この動きをよどみなく素早く行う。素早くは無意識の動きを意識が邪魔しない動き。そうすると素早くチカラ強い動きになる。潜在意識の動きが正しく発動すると、意識では何も感じない。鼻から息を吸って少し溜めてから重い荷物を持ち上げる。普段何気なくやっている動作。上手く持ち上がる時には重さを感じない。

咄嗟に出る意識を超えた動きの再現法が段々と見えて来る。

引退試合で相手をトップロープ越しにバックドロップで投げた。トップロープの高さは肩より少し下にある。肩より少し上を通って相手をバックドロップで投げるには自分の頭の上辺りまで相手のカラダの上の部分を持ち上げる必要がある。

疲労のない準備をしたコンディションでもこのバックドロップは難しい。試合で疲労しているのになぜ出来たのか？自分がやったのによく分からない不思議な動きだった。色々なことが考えられる。相手の骨格と筋（筋肉）、皮膚を武術的に崩す。タイミングがたまたま合った。タイミングは一呼吸で腰を落としブリッジの体勢をとって投げる。３つの動作を一呼吸で上手く重ねると、動きに早さと強さが加わる。対戦相手は上手く投げられてくれる訳ではなく。体重も自分と同じ。茄子を上手く引っこ抜けてもそれだけでは足りない。ここに呼吸を盗むという発想が加わった。

呼吸を盗むとは一体どうやるのだろう？　よく相手の表情を見て呼吸を盗むというが、意識で感じてから行う動作は全て潜在意識の動きを妨げる。だから投げる気満々だと意識が邪魔をして相手が重く感じ投げは失敗する。意識に届く動きは全て潜在能力を邪魔した結果の感覚。相手がぎっくり腰のように変な呼吸になれば相手は全くチカラの入らない状態になる。自分の動作を高めながら、相手の動作を弱体化する。呼吸と数そして様々な武術の口伝を稽古で潜在意識下に落とし込んだ肉体があれば呼吸を盗むことが出来る。現役の頃の不思議な感覚を思い出しながら色々と試してみる。

3つの動作を重ねて、タックルを仕掛ける。その場では上手くいく。ところがスパーリングになるとなかなか上手くいかない。何度も何日も繰り返すと、答えがスッと出て来る。答えが出る前に何となくぼんやりとしたモノが頭の中に現れる。潜在意識と意識の間に何かがぼんやりと出て来る。

スパーリングは連続動作、だから途中で呼吸は乱れる。乱れた呼吸なら一呼吸で3動作を重ねることは出来ていない。動きをゆっくりにして打ち込みのように繰り返してみた。

相手と向き合い、タックルを仕掛ける。そこで相手がかわす。次の動作も呼吸を乱さないで一呼吸で3動作。この繰り返しを続けた。段々調子が上がって来る。そうすると閃きがやってくる。スパーリングのように相手の腕や首を崩す。それからタックルに入る。何度も動きを変えて全て一呼吸3動作で行う。段々相手の反応が遅くなってくる。段々相手の呼吸が乱れて来る。乱れた相手に正しい呼吸でタックルをかけるとスッと簡単に投げたり倒したり出来る。上手くいく時に

タックルを一呼吸で〝スッ〟と

1

2

3

相手と向き合った状態から機を伺い、タックルを仕掛け、相手が防御してきたところをさらに上回る動きで崩す～という一連を「一呼吸」で行う。上手くいくと本当に一連が思考を経ず〝スッ〟と動けたように感じられる。

は全くチカラを感じない。

そうか、格闘技では一つの動作を徹底的に覚え込む。上手くなればスッと動く。それが出来ても別に強くはない。一つの技が出来ても試合では通用しない。だから色々な技を覚える。技のかけ方を覚えながら、技の防ぎ方も覚えていく。単発で出来る技をいくら増やしても試合ではまだ通用しない。試合全体の流れの中で技を攻防一体のように切れ目なく出し続けることが出来なければ試合中に墓穴を掘って負けてしまう。

次の閃きがやって来た。日本人として初めてムエタイの王者になった藤原敏男先生。先生と一緒に中国に行ったことがある。中国の格闘技イベント武林風という興行のレフェリーで呼ばれて藤原先生はアドバイザーのような形でゲストとして呼ばれた。

藤原敏夫先生は引退して数十年が経っても海外でも伝説の格闘家としてビッグネームだった。一緒に中国で行動して、帰り際に北京空港で何気なく格闘技の質問をした。

何気なくというより勇気を持って、聞いてみたかったことを帰りの飛行機に乗る直前に聞いた。藤原先生は自分にとっても大変なビッグネーム。憧れの選手。

コンビネーションのコツを聞いた。
そうしたら藤原先生がこっちに行こうと言って空港の広い場所に移動した。

「良いか?動く前に頭の前で見て」
「動く時には後ろで見るんだ」

そう言ってから藤原先生が動いた。パンチからローキックのコンビネーションを僕に向かってやった。もちろんこの時は当てなかったけど、ゾクッとした。藤原先生は始めの立った場所からコンビネーションの終わりの位置まで、スッと消えたように見えた。本当に途中の動きが見えなかった。こんな経験は初めてだった。

これがムエタイの牙城を崩した秘密なんだ。これは若かった頃の藤原先生と試合したら勝てないな。正直本気でそう思った。瞬間的にそう感じた。そしてこの技術があるから、相手がいてもシャドーのように動くことが出来るんだな。そう感じた。
試合の緊張感は実際に経験してみなければ分からない。試合中どころか会場での試合までの時間には、カラダが締め付けられるような感じで呼吸が苦しくなったりする。試合会場だけでなく試合が決まればそれが始まる。試合に向けて心は揺れ動く。意識と無意識の両方で揺れ動く。もしかしたらそうやって心は鍛えられていくのかもしれない。揺れ動く心から逃げないで強い気持ちを引き出すように、試合が決まったら24時間行動する。心は起きていても寝ていても揺れ動く。揺れ動く心は経験豊かな選手だったら、試合が始まった瞬間にピタッと最高の位置に納まる。心はいつも揺れ動く、その動きが大きい程中心に納めることが出来る。

藤原先生だって、試合で緊張するはず。でも見てると心がブレないで闘っているように見える。揺れ動く心を中心に納めると、物凄いチカラが心身の奥から出て来る。

若い頃に憧れた藤原先生の動きは今でもすぐに思い出せる。眼を閉じると鮮やかな映像になって浮かんでくる。そんな憧れの藤原先生から直接教わった意識の動かし方。何かがスッと閃いた時に一緒に出て来た。

藤原先生の攻撃を見ても途中で一瞬消える。この一瞬は虚になる。呼吸も出来ない思考も止まるような不思議な状態を実際に経験した。まるで神業のような、藤原先生の秘密をこの日見た。「これがX攻撃さ」攻撃が終わった藤原先生の話を聞く。その時どこかの不思議な世界から、戻って来たような不思議な感じがした。藤原先生は相手を不思議な状態にする。チカラやスピードの通じない世界。動体視力をいくら鍛えても届かない世界。本当にそんな世界に連れていかれたようだった。

実は武術でも同じことを何度も習ったことがある。ところが習っただけで実際に経験したことはない。藤原先生は練習しているうちに自分で発見したらしい。世の中には天才が本当にいる。

中国武術は意念を頭の後ろに置けという。柳生心眼流でも頭の後ろに意識を動かす。心眼とは心の眼、前にある眼ではなく後ろに意識を動かすと何かが心身に起こり眼には見えない何かが覚醒する。意識を変えれば全てが変わる。それは相手にも何かの不思議な現象を引き起こすのだろう。実際に格闘技の動きで体験したのは初めてだった。もっとも試合で上手くいく時や、失敗をする時、意識していないだけで同じ状況になっているのだろう。意識していつも格闘技で出来る人をこの日初めて見た。

このことに関して興味深い話を聞いたことがある。瞑想などでも自分を後ろから見るように心を置きなさいというコツがある。自分を俯瞰して見るには自分の後ろに心を置くことが瞑想の術（コツ）なのだろう。アメリカでこんな実験をしたらしい。実際に自分の後ろにカメラを置いて、カメラを通じて自分を後ろから見る。そうすると脳波が変わったという話を聞いたことがある。

対角線コンビネーション

オランダのキック・ボクシングでよく用いられる「対角線コンビネーション」。右ストレート〜左フック〜右ローキックと移行していくことによって、相手は反応しにくい。

脳波が変わればカラダ全体が何かの変化をしても別段不思議ではない。

スッと過去と現在が繋がった。そうしたらすぐに試してみる。機縁は逃すな！

格闘技王国オランダのキックボクシングのコンビネーションは3つの技の組み合わせになっている。右ストレートから左フックそして右ローキック。上下と左右の対角線を技が移動する。そうすると相手は反応しにくい。

閃きは別の答え、もう一つの原理を解き明かしてくれた。3つのコンビネーションを一呼吸でやる。単発でなくいくつかコンビネーションを繰り返す。そうすると相手の呼吸が乱れてくる。意識を動かす時に呼吸をしないと相手は何かに引きずられるように、何かを喪失する。意識と無意識の正常な関係が崩れ、現代では解き明かされていない何かの現象が起こる。

コンビネーションだけでなくステップ（移動）も3つのステップを一呼吸でやると段々相手の呼吸が乱れて来る。

寝技でも同じ現象が起きた。3つの動作を繰り返すとこの呼吸を知らない相手は動きの途中で息をしてしまう。一呼吸で続く動きに対して呼吸をしてしまえば。その瞬間に大きな戦力ロスになる。

引退試合の場外バックドロップの成功の秘密は、たまたまこの状態になったことが大きい。持ち上げる瞬間に相手が息を吸ってしまい、投げる方は3つの動作を一呼吸で行って最高の潜在能力を引き出していたら、何も感じないのにトップロープを越えて投げることが出来る。呼吸を意識で盗もうとすれば、意識の動きになり潜在能力を引き出す邪魔になる。

正しい呼吸で動きを繰り返す。試合は同じタイミングでは上手くいかない。沖縄の空手道場での1と2と3の動きを一呼吸で行う稽古は、1も2も使って3を活かす工夫もあったのだろう。呼吸のタイミングを盗むには最高の呼吸だけでは足りない。試合中に色々な数の呼吸をやって相手の動きと呼吸を乱し、技を決める時を待つ。絶妙のタイミングでスッと投げる瞬間に相手の呼吸は抜けて投げる方が最高の呼吸だったら。試合という緊張感を高める状況で、それを味方にして最高の呼吸をやった時。眼で見るのではなく、眼には見えないお互いの心身の奥の状況で相手を支配出来たとすれば軽々とトップロープを越えたバックドロップの秘密が分かって来る。

意識は多くの場合潜在意識を邪魔する。本当の偉大なチカラは潜在意識下に隠れている。緊張して意識が潜在意識下の隠れた能力を引き出すことが稀にだがある。プロの試合で経験した鮮やかで不思議な勝ち方。その秘密は意識と潜在意識の関係にある。

それを引き出すのは呼吸と姿勢そして動く時の回数との関係。


相手の間を盗む。これを石火の間と呼びます。石火の間を成功させるには石火の機を体現出来る心身が必要になる。２つの石火は繋がり柳生の技へと繋がっていきます。


意識で正しい動きを引き出す。その時には全ての内容が潜在意識に記憶されている。記憶された動きは潜在意識下で繋がり熟成していく。思わず出て来る不思議な動きは正に思いを捨てた時、意識を上手くコントロールして消した時に出て来る。

思いを捨てることは難しい。試合では緊張を味方にするとスッとそれが現れることがある。これは実際の経験で知っている。


潜在意識下の動きはある一定の法則によって意識で導き出すことも出来る。

意識の陰は無意識（潜在能力）、その引き出し方が新陰の陰であり。心眼流の秘訣なのだろう。

意識を高め無意識を引き出す。そのためには順番を正しく進むことが絶対に欠かせない。

正しい意識で稽古をしたら潜在意識下に正しい順序で学習を送り込むことを繰り返す。

潜在意識下では意識を超えて学習が繰り返されている。潜在意識に学習をさせるコツは自分の感覚で捉えることが出来ないスッと出て来る動きを意識的に行うこと。

骨絡、筋絡、皮絡と進みそこに五感の刺激の動きを重ねる。全ての動きは意識を超えてスッと動く。そこから先に進むには、意識と無意識を交互に行い、数と呼吸を重ねる運動が必要になる。その動きは柳生心眼流に隠れていた。

次章では心眼流の原理を紐解き（まだまだ至らない点はありますが）その原理を元に様々な心身の隠れた可能性を引き出す運動を紹介します。

東洋では陰陽で物理を考える。意識と無意識も陰陽。筋肉と骨格の関係も動くと支えるで陰陽。単なる動きだけではない陰陽が武術の教えから見えて来た。

意識で動かす筋肉は神様からの贈り物。自分の意思で自由自在にカラダを動かすことが出来る素晴らしい贈り物。無意識も神様からの贈り物。自分でコントロール出来ない詳細な動きは全て無意識が行ってくれる。無意識の運動指令は人類が把握できない程全身に詳細に働く。その中で骨格は電気的変異により、意識で自由に動かす筋肉の奥に潜む詳細な動きに関する司令塔のような役割をおそらく果たしている。自由自在に動く筋肉を支える骨格。それは構造的なものだけでなく、人類の未知の領域。カラダを動かす本能的な詳細な部分の指令を担う。

100歳を超えて元気な人々は余計なことを考えないし、余計なこと（自然との関係を壊すこと）はしないで自然と共に日々を暮らす。それだけで日々を豊かに暮らし長生きする。

環境による健康の恩恵を受けることが難しい現代の日常。スマホを扱う時間は呼吸は浅く動きも縮こまる。想念は画面の中に集中し、カラダを作り動かす食事も自然から遠く離れている。その穴を少しでも埋めるコツは遠い時代の東洋の武術に隠れている。意識を超えたカラダの力を引き出すコツ。それこそが武術の神髄。カラダの力は戦いだけでなく、むしろ日常を豊かにする心身の隠れたチカラに通じる。強い武術家はかつては長寿もセットだった。強さを超えたものは健康を基本とした、自然の恩恵を忘れることない豊かな日常なのかもしれない。

第8章

カラダに関する新発見

1 繋がっている!?

スザンヌ・シマード著『マザーツリー　森に隠された「知性」を巡る冒険』（ダイヤモンド社）より抜粋

木々はまもなく、驚くような秘密を明かしてくれた。木々はお互いに網の目のような相互依存関係のなかに存在し、地下に広がるシステムを通じて繋がり合っているということを私は発見したのだ。木々はそこで、もはやその存在は否定しようのない、太古からの複雑さと智慧をもって繋がりあい、関係をつくるのである。

この本との機縁は２０２３年の年末。前章を書いている頃。年末に読み終えて年明けの２０２４年にこの章を書き始めた。

骨伝導の理論はまだまだ詳細ははっきりと解明されていない。人体を繋ぐ未知のネットワークはまだまだ存在し、それを否定できる者もいない。

本を読むと知らない言葉がやってくる。作者の言葉に影響を受けて自分の中の知らなかった言葉、本当は意識の奥底に隠れている言葉がやってくる。

人のカラダにもネットワークがある。脳は知識を入れるたびにアップデートされて新しい世界を見せてくれる。人には無意識に知っている命の知恵のようなものがある。命の泉の知恵が出て来るのを邪魔するのは上っ面だけの知識。

人のカラダにも木々を繋ぐ森のネットワークのような存在が実在し、そのネットワークはカラダの外側のネットワークとも繋がる。ネットワークを繋ぐものは電気的な何か。

だったらそれを感じる人もいる。地中の水の流れ、それは存在し木々は菌糸のネットワークによりそこに根を伸ばす。遠く遥かな時代、そのネットワークを感じて水のある場所が分かった人々もいたのかもしれない。森の情報は眼には見えないレベルで存在する。遥かな昔には狩りをする時、果物を手にする時にその情報をキャッチした人々もいたのかもしれない。

人のカラダは骨格で支えられる。骨格には電気的なものが流れ、動くたびに電気的変異が起こる。骨格の上には筋肉がある。筋肉は見える範囲では肉。顕微鏡で見れば筋繊維の集まり。さらに詳細に見れば細胞単位となり筋繊維を構成する細胞も無数の集まり。筋繊維は糸のような存在。人のカラダは3分の2が水分。実際には水の中を揺れる糸のような存在の筋繊維が集まって筋肉を構成する。人体の水分は海水に近い。海水はミネラルを豊富に含む塩水。海水のような体内の水分は電気を通しやすい。骨格の電気的変異は体内の水分により筋肉に伝わりやすい。カラダの中のネットワークは、3分の2を占める水分をネットワークの繋がりとして形成される可能性がある。体内の様々な電気的変異によって筋繊維は目には見えないだけで水の中で揺れるように、細胞単位でそれぞれが動き、それが目に見える筋肉の動きになる。

これがカラダを司る意識を超えた動きのネットワーク。自分の意識で筋肉を動かすと、カラダが動くたびに骨格の電位が変化して、それが筋肉の水分に伝わる。これによって筋繊維の詳細な動きが意識を超えて変化する。目には見えない内部の詳細の動きの方が目に見える動きよりも全体に及ぼす影響は大きい。

塩分は健康に大きく関係する。正しい塩分そしてミネラルの量が電気信号を正確に伝える。

ここまでは想像の世界。

ドイツの解剖学者ウォルフ博士（Julius Wolff）が発見したウォルフの法則……これは現実の世界の話。正常にせよ異常にせよ、骨はそれに加わるチカラに最も適した構造を発達させる。という現実の発見があります。

骨は動くことでも、常に電位を変化させ、その電流（ピアゾ電流）により骨は形を変えてゆく。寝たきりであれば骨は弱くなる、一定の圧力を加えることで骨電位が高まり、圧力に適合した骨に変わってゆく。これはリハビリでも使われるテクニックです。

骨の動きを高めると、骨格自体の形が変わってゆく。筋肉の奥を動かせばカラダは奥から変わる。筋肉の奥の奥は骨格。骨格自体の形は適度な圧力による電位の変化で変えることが出来る。骨の形が変われば、筋肉の動きも当然変わる。

2 心眼で陰のチカラを動かす

本書でお伝えする運動は全て意識では届かないカラダの奥のチカラを引き出す運動です。

意識を超えたカラダのネットワークが繋がるとカラダは活き活きと変わる。

人は自分の意識でカラダを動かす。その際に最高のチカラ加減を無意識が担ってくれている。この無意識のチカラを引き出すコツが型に隠されています。引き出すコツは意識で動かせないカラダの陰のような動きの存在を知ることです。

型とは決して自由自在に戦う際には役に立たない。型とは筋肉の動きを閉じ込め圧縮して、意識の動きを閉じ込めるために工夫された各流儀の知恵の形です。意識しても動かない動きを動かすには型を使い意識の動きを封じ込めて、口伝に従い稽古を進めることで無意識の指令を引き出す。これが型の意味です。

型で作り上げた心身を型から解き放つ時に、自由自在の動きに意識を超えた不思議なチカラが宿る。その時の動きは型とは別の動きになります。ベンジャミン・リベットの研究結果のオンタイム。オンタイムより早い反応は何も感じずに、意識した動きよりも早く強いチカラとなります。意識を出来ない内側のチカラが出ると何も感じない。そして感じる時よりも早く強いチカラが出てきます。型とはタイムオンさせないための工夫。型を動かすチカラは無意識のチカラで行うことが重要になります。

これが分かるきっかけは柳生心眼流を学んで1年が経った頃でした。心眼流の稽古で大分カラダが良くなったので心眼流の素振りという型をやってみた時のことです。

素振りとはその名の通り腕を曲げて、カラダを縮めて動きを制限して思いっきり両腕を振り回す動きの型です。

何度かやっていたら、突然ブチっと音がしました。鎖骨がカラダの中に入るような感じで引っ張られました。〝スッと動く〟の逆です。凹ッとへこむように鎖骨が動き肩関節も中に引っ張られるような感じで激痛が走りました。

そのまま呼吸が出来ない位の激痛がやってきました。骨が内側に引っ張られるようなチカラが続いて息をしても激痛が走ります。

医者に行っても回復しません。腕はある角度になると激痛で固まります。

書いていて気がつきました。

手技伝前に起こった膝と同じ症状です。この時にも結局自分で治しました。激痛は思考を変えるのでしょう。

鎖骨の激痛なので、ゆっくり動かしながら指で鎖骨に触れます。触れると固まって縮こまっていく鎖骨が楽になります。その時に何かがスッと流れます。スッと流れると筋肉が緩んで楽になる。

次は痛くない範囲で腕を動かして止まった場所で触れます。スッと意識を超えた動きが出て来て鎖骨と腕が動きます。激痛なので少しずつ慎重に続けます。

自分の意識した動きではどうにもならなかった激痛がスッと動く度に楽になる。スッと触れる時にタイムオンしていなかったのが理由です。

なぜタイムオンしないタイミングで触れることが出来たのか？

自分でも分かりません。ただ本当に痛かったので、思考する余裕もなくて余計なことを考えないで触ったのかもしれません。痛みをかばうように無意識に触れたので思考はあまり関与しないで、パッと無意識に触れた可能性が高いです。

あれ程の激痛が数日で治まりました。これに気がつくまでどんなに意識でストレッチをしてもマッサージで筋肉をほぐしても逆に悪化していたのに回復しました。

型とは意識を超えたチカラを引き出すもの。

意識を超えたチカラとは筋肉を動かすもっと奥にあるもの。

その仕組みを無視して自分の意識を高め過ぎて思いっきり筋肉で動かしたためにカラダが壊れた訳です。

10数年が経って理由が分かり、型の意義が見えてきました。

もっともこの時の経験が骨格の発見に繋がります。骨格に触れると不思議なチカラが出るという発見でした。この発見を元に「やわらぎ」が生まれます。

骨格の動きが良くなるとやがて次の問題が出て来ます。

柳生心眼流の口伝である骨絡の次は筋絡が次の痛みと共に口伝を伝えるように痛み始まりました。

この時は何となく意味が見えて筋肉の特性である螺旋構造を活かす動き、筋絡を目覚めさせる捻じりを加えることで回復します。そして次の痛みが皮絡の意味を教えてくれました。

この時はやっぱり来た、そういった不思議な感覚を感じました。


そして次は五感です。

五感を研ぎ澄ましてカラダを動かすと不思議なスッと動くチカラが引き出されていきます。


これらの発見はＢＡＢジャパンからそれぞれ書籍として発売されています。

宣伝はこれくらいに。(笑)

この動きをやっても膝が壊れました。

あまりにも辛いので書くまでは気がつきませんでしたが、これも次の段階に進むカラダからやって来た啓示（口伝）だったのでしょう。


本書で何度も繰り返し書いてあるように筋肉主体の鍛え方は、無意識の発する的確で詳細な意識出来ない動きを置き去りにする可能性があります。10年以上稽古しても、プロの頃の経験が抜けきらず、どうしても癖で筋肉に効かせると安心することが抜けていなかったからカラダが壊れた訳です。

潜在的な筋肉の奥の動きが置き去りにされて、意識で鍛える筋肉の発達が進み過ぎるとカラダの内側のバランスが崩れます。次の段階に進む為に出て来た違和感は強烈でした。それだけに真剣に考えカラダと向き合い次の段階に進めたのです。

意識と無意識の関係は筋肉と骨格を主としたカラダ全体の関係になります。この時の正しい動きを引き出すコツは意識しないでスッと動くことです。

筋肉を動かせない工夫の型で、意識で動かす筋肉の動きを超えたカラダの潜在能力を引き出す時には意識は何も感じず、ただスッと動きます。

この感覚を大切にして稽古を繰り返す。

これこそが武術の稽古の秘訣だったのです。

心眼流でも表面を伝えて頂いて、持ち帰って稽古を重ねます。その結果気がついたことを師匠である島津先生に質問します。それが正解だったら次の表面を教えてくれます。師が伝えた表面から内側の秘密を自らの努力で解き明かす、これが心眼流の稽古です。

ある日島津先生が教えてくれました。

一番良い教え方とはなるべく教えないこと。自分で見つけたものは消えない。言葉で伝えると、出来た気になって結局教えが消えてゆく。

島津先生に学んで10年以上が過ぎた頃。これから10年で全てを伝えると言われてから10年以上が過ぎ、お会いして話を聞かせて頂いた時期。

一緒にセミナーなどで教えるお手伝いをするようになっていた。

先生が言ってくれた一言が忘れられない。大切な有難いお言葉。

この世界は全ては伝えない。

師匠から盗むしかない。

よくここまで盗みましたね。

この世界だけだよ。

盗んで師匠から褒められるのは。

3 〝手の内〟の作り方と素振り

段階を踏んで丁寧に進む、これは武術だけでなく全てに通じる大切な学びのコツです。本書をよく読んで少しずつ続けていくと思いも寄らないカラダの変化が起こります。その変化は〝あっ、本で読んだことがある〟です。読んだ文章がカラダから出て来る。文字による稽古とは本に書いてあることを頭ではなくカラダで感じることです。

武術とはカラダを使って武術の歴史を学び、その時代の武術の中に入ることが目的なのでしょう。時空を超えた武術の先達の皆様が感じたものと同じような不思議な感覚が武術を通じて何度も起こります。

不思議なカラダの経験をここから書こうと思います。

柳生心眼流には素振りという稽古法があります。素振りとは素手で行う。下から腕を振り回します。木刀などを使った稽古と素振りは抱き合わせになります。剣を鍛えながら素振りで補う。

柳生心眼流 〝素振り〟

柳生心眼流に伝わる稽古法〝素振り〟。体捌きを行いつつ、下から腕を振り上げる動作が特徴的。

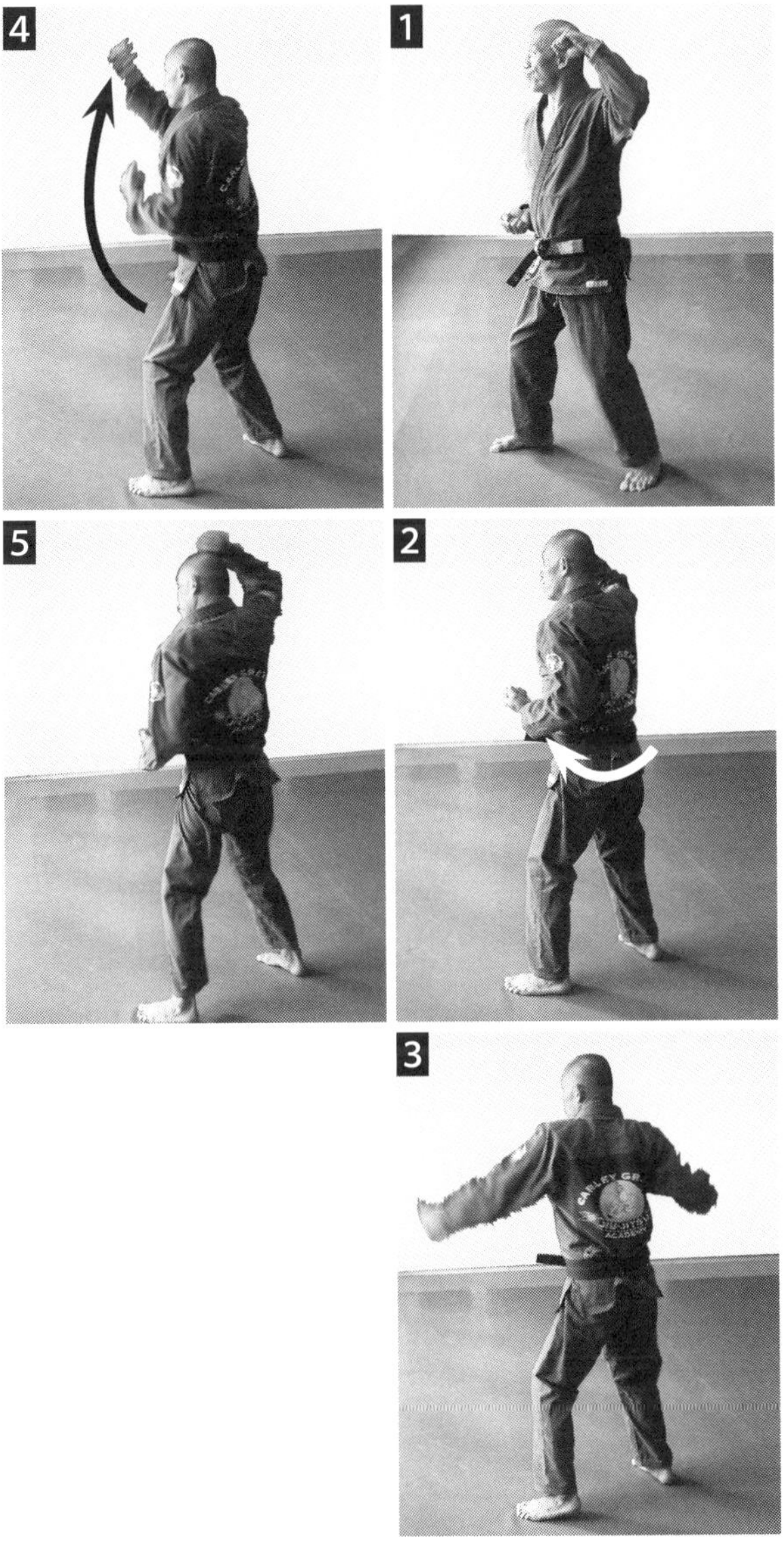

柳生心眼流 〝水切の術〟

同じく柳生心眼流の稽古法〝水切の術〟。手刀を水に向けて切り落とし、できるだけ波しぶきが立たないようにする。振り上げる〝素振り〟と補完し合い、素手ながら剣の稽古に結びつく。

上に振り上げる素振りを補うには、下に切り落とす水切の術という稽古があります。

素振りは剣を持たない剣の稽古でもあります。当時は剣の稽古と並行して行っていたはず。

剣の方が実用性が高いので、昔はより時間を割いた可能性が高い。素手の稽古に剣術の稽古を重ねると心眼流の稽古に深みが出る。


そこに気がつく出来事がありました。ある日前田さんと電話で話をしていたら、前田さんがこんなことを提案してくれました。

「毎日木刀を3000回とか振ったら良いんじゃないか。」

昔の剣豪は30000回どころか100000回とか振ったはずです。

簡単に3000回と言いますが実際にやるとなると3時間とかかかりそうです。

せっかく提案してくれても、時間的に余裕がない。

そこでなぜか閃きました。

3000回が無理だったら、片手で木刀を振れば数が少なくとも良い稽古になるんじゃないか？　早速やってみました。2本の木刀を持って片手ずつ振ってみます。

始めは腕が壊れるかと思いました。

色々と稽古をして失敗しているので、慎重にゆっくりと無理しないで片手で木刀を振ることを繰り返します。

数日すると段々出来るようになってきます。腕が疲れる前に反対側の腕で木刀を振る。両腕が疲れる前に休憩を入れる。このペースで３０００回やると半日かかりそうです。数は意識しないで、腕に無理な負担をかけないように注意して繰り返します。

この時は意識していませんでしたが、やっているうちに気がつきます。

剣術は戦で使うことが本質、戦は数日に渡ることもある。本来の剣術の稽古は絶対に疲れないで綺麗に振ることを考えながら続けたはず。

そのうちに島津先生の聞かせてくれた剣の話が記憶から出て来ました。

「刀に絶対に振り回されるな。」

考えながら続けます。あるコツで急に楽に刀を触れるようになりました。ほんの一瞬の出来事です。

不思議な閃きでした。閃きは生徒に木刀の振り方を教えている時にやってきました。

グレイシー柔術のテクニックを教えている時に生徒のカラダが硬い動きだったので視点を変えて木刀でカラダの動きを良くしようと急に閃いてやっていたら、知らない言葉が勝手に出て来ます。

木刀の刃の部分を振ると、木刀に振り回されてしまう。それを刀に振り回されると言う。刀はカラダで振るもの、そのコツはテコになる。

刀を持つ両手の位置がテコ。長い方を振ろうとするとテコの原理で振り回される。

刀の柄の部分を上手く動かす。短い方を上手く使ってテコのチカラで長い方を楽に動かす。

楽に動かすにはコツが要る。


テコの原理はもう一つある。上げるチカラは大きなチカラが必要になる。落ちるチカラは引力を味方にするから楽に出来る。

短い柄を上手く使うには落ちるチカラを使って力を増やすそのチカラを持ってる手を介して刃の部分をテコで上げるチカラに変換する。

グレイシー柔術の寝技の動きは全て落ちるチカラをテコの原理で上がる力に変換してその流れに合わせて自分のチカラを使う。

何十年もやってきた寝技のコツ。

それが知らない間に言葉になって刀の振り方と繋がって勝手に出て来る。

両手をテコにして刀の柄の落ちるチカラを、長い方の刃の部分に伝える。

テコを利用した刀法

刀は長い方（刃）のみ着目して、そちらを振ろうとしてしまいがちだが、短い方（柄）を同時に逆方向に働かすような操作によって、コンパクトかつ素早く、強力に振ることができる。

1

2

3

木刀を上に上げる。その時には持ってる位置で動きは逆になる。柄は下がる。柄が下に落ちるチカラを刃が上がるチカラにテコを使って変換する。

振り上げた木刀の柄は上に上がる。柄を下げるチカラをテコで刃の部分に伝える。短い柄が上にある時に、落ちるチカラで柄を動かし、落ちるチカラを刃の部分が上がるチカラにテコで変換する。

物凄く楽で、早い、そして強いチカラが生まれる。この時にも木刀を振っている感覚が消える。タイムオンしない動きが身についた頃だから出来た。全てには気がつく時期、タイミングがある。機が満ちた時機縁がやってくる。

向き合ってせーので木刀を振る。

刃を使って振り下ろす相手の動きを見てから振っても、柄を下ろすチカラで振ると早く届く。

木刀を合わせて押し合う。

柄を使えば圧倒的なチカラが生まれる。

剣豪小説に書いてあるような謎の動きが勝手に出て来た。

木刀を持って生徒にカラダを両手で持たせる。全力で抑えても柄を上手く落ちるチカラで振ると圧倒的なチカラでカラダを抱えた生徒は吹っ飛ぶ。

この時にもチカラは感じない。


あっこれが多分〝手の内〟ということか？

ホンの少しのコツで全てが変わる。

〝手の内は明かさない〟訳だ。


〝手の内〟の理論が分かったら色々と試してみる。

意識の動きは潜在意識に落とし込まれる。そして繋がり熟成される。

木刀を持たないでも、柄の部分を作れば刃がなくとも同じ動きが出来る。柄の部分は割りばしやボールペンなど何でもよい。

ストレッチをする時に〝手の内〟を作ると、あっという間にカラダが変わる。これもまた無意識の運動指令。

無意識の運動指令を通すとカラダは意識を超えたチカラを発揮する。

“手の内”が生む威力

カラダを振り回そうとするのでも、刃を振ろうとするのでもなく、柄を振る操作を行うと、力を感じることなく“スッ”と動け、後ろからしがみついていた人が吹っ飛ばされるほどの威力が発生する。刀を掴む手“手の内”が体動を変える。

相手と組み合う時や打撃の時、〝手の内〟が出来れば何も感じない強烈な早さと強さがカラダの内側からやってくる。

島津先生が教えてくれた〝体中の剣〟。カラダの中に剣を扱う経路を作る。

〝手の内〟が出来ると、刀を持つ時に生まれる強靭なチカラがカラダの中に開く、そうすると持たないでも刀を振る時のチカラが出せるようになる。

水切の術も不思議な繋がりを感じる。水切の術は水を手刀で上から切る。上手く出来れば水しぶきが上がらない。水がスッと割れるように切れて手刀が中に入っていく。

島津先生に教わる遥か前に実は水切の術を毎日やって遊んでいた。

小学5年生から6年生までお風呂で毎日やっていた。義務感でも稽古でもなく、ただ自分で見つけた楽しい遊びとしていつもお風呂でやっていた。

お風呂のお湯がドンと切れる。それがとても楽しかった。

水切の術のコツは小学生から知っている。水に触れた瞬間にチカラを変換する。一気に持っていっても水は切れない。水に触れた瞬間に意識が変わる。意識を消す。動き始めたら意識を消してカラダに任せると水はスッと切れる。

小学生の頃にやっていたから、きっと〝手の内〟が出来たのだろう。〝手の内〟の稽古を続けていくと、次のコツが勝手に出て来る。

今度は手足の指が動くようになってくる。手足の指のもう一つの秘密が見えて来る。手足の指は筋肉では動かない。手足の指に筋肉は付いていない。手足の指は腱で動く。手首と足首の先にある筋肉が手足の指の腱を動かす。筋肉が無い分だけ意識の感覚が少ないので手足の指は対象物に対し敏感に出来ている。その秘密が段々と見えて来た。

手足を使った時にまず骨格が働く、その動きに合わせて手首と足首の筋肉が無意識の運動指令を受けて働く。手と足の指は筋肉が介入しないだけ、より敏感に自然との関係を伝えるようになっている。

立禅をする時に指の腱を動かすと、内部の動きが大きく増える。この動きも気がつくとすぐに出来た。子供の頃にこんな遊びをしていた。手の指を関節から曲げる。そこでスッとチカラを入れて指の骨を動かすと、指の腱が動いて関節がコキンコキンと動く。

なぜか知らないが、これが楽しかった。

指をコキンコキンと動かす。指の筋肉でなく“腱”を意識する。

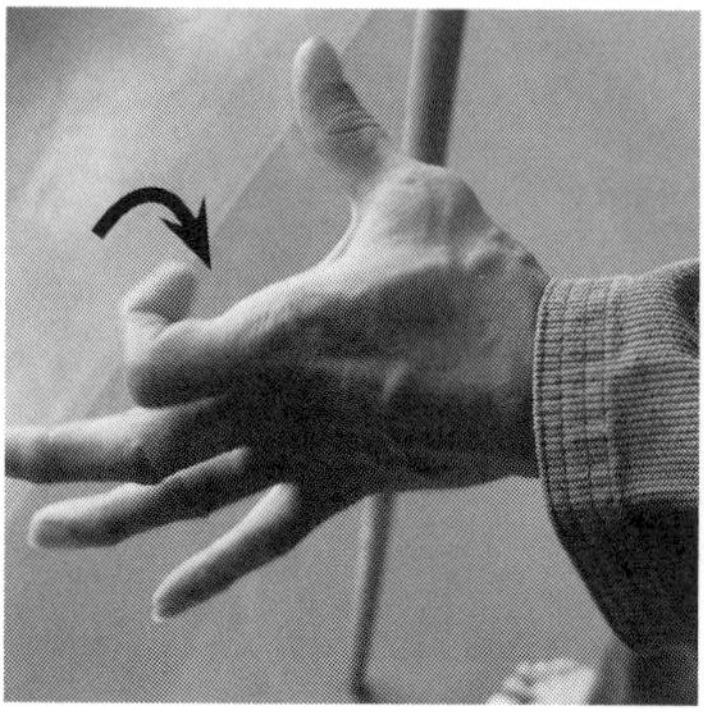

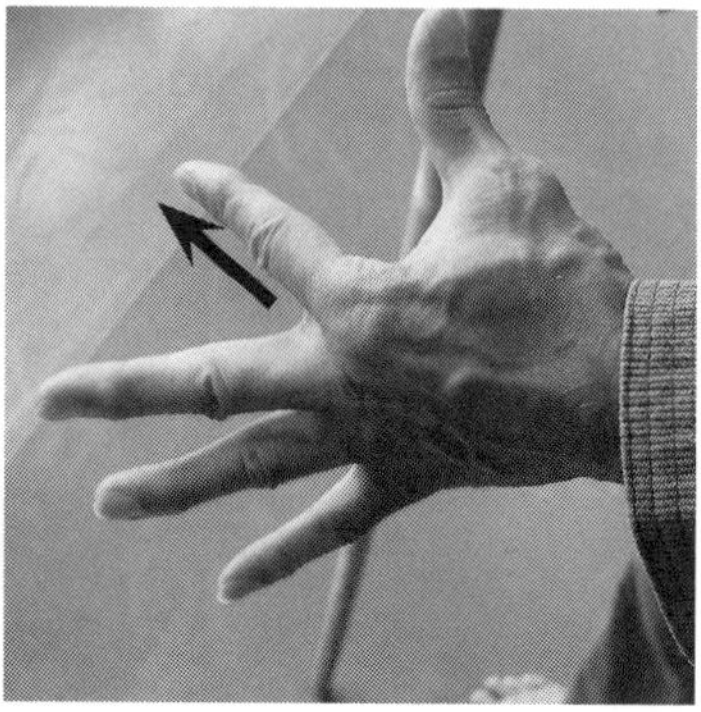

コキンコキンと呼んでよく遊んでいた。

コキンコキンが武術と繋がって原理が分かるとすぐに出来た。指の腱を動かすとより深い無意識の運動指令が内部から全身に届く。

水切の術もコキンコキンも呼吸と姿勢が出来ないと上手くいかない。

遊びながら武術の予習をしっかりやった子どもの時代が繋がってきた。

遊びながらやってきた運動は全て何も感じない。子どもは何も考えないで遊ぶ。ただ楽しいから遊ぶだけで、その時にはタイムオンしない。タイムオンすればカラダを感じる。そして潜在的な能力は出ては来なくなる。

子供の頃に出来たことが大人になって出来なくなることは多い。多くは大人になって余計な知識を手にすることが原因なのだろう。

知識が真実を隠すことはよくある。

4 カラダから出て来る秘伝

赤ちゃんや小さな子どもの動きに学ぶことは沢山ある。赤ちゃんや子供は大人と違い余計な知識を持たないので素晴らしい本能に近い動きをする。

赤ちゃんはみんな上手な腹式呼吸をする、誰に教わった訳でもないのに。大人になるとしっかりと教わっても上手な腹式呼吸が出来ない人も結構いる。きっと余計な知識が邪魔をするのだろう。

呼吸と姿勢が武術の基本、そして健康の基本。生まれた時にはきちんと基本が出来ている。知識と共に、そして知識の結晶である文明によって基本が歳を重ねるごとに崩れている。

武術の基本は生命の隠れた基本を再び引き戻す。


ここから書くことは本書のまとめです。カラダの潜在意識下の動きが出て来て繋がって来るとカラダは自然に持っている奥のチカラを引き出してくれるようになります。

パズルのピースの一つでは全体像が分からない。
ある程度ピースがまとまってくると全体像の想像がつくようになる。そうなるとパズルをまとめる速度が早くなる。全体像が段々と見えるようになってくる。

今の段階、本書で書いた内容がどこまで全体像を見ているのかは分かりません。ただ見えている世界はなかなか面白い武術の世界です。

カラダの内側で見るためには少しずつ段階を踏んで本書の運動を重ねる必要があります。そこから見えて来る世界は初めて出会うような活気溢れる心身です。

本当はそっちが本当の心身なのでしょう。この作業はとても面白い時間になります。

ぜひ少しずつやってみてください。

稽古を重ねるとある日見える世界は、思考を超えてカラダの内側からやって来ます。

呼吸と姿勢が徐々に整うことで、眼には見えない呼吸の秘訣がカラダから出て来るようになります。

武術では舌に関する秘訣がある。舌を上顎（歯の付け根）辺りに触れるか触れないようにして置く。

動く形に意味はあまりない。形を活かす口伝を活かすことで意味が出て来る。鼻から息を吸い、少しすると全身が活性化してあらゆる身体能力が高まる。続けるとカラダの潜在意識下のチカラが大きくなる。この状態に至ると舌の口伝が活きるように変わる。

やがて動きがカラダの奥からやって来て教えてくれる。呼吸と姿勢を高めて舌の先で上顎に軽く触れるか触れないかの位置で止める。色々な動きの形でやってみる。カラダを捻じると変化が分かりやすいので、ここから運動を始めると効果を感じやすい。

呼吸と姿勢が整った段階であれば、舌の動きによりスッと可動域が増える。次に舌先をほんの少し離す。また可動域が向上する。やがて舌の動きと位置により内臓まで含めたカラダの内部の動きを自分でコントロール出来るようになっていく。

この動きの前に出て来たカラダの内側の動きは、鼻から息を吸って3秒位止める。3秒は1、2、3と数えやすいので3秒でやってみる。3秒後に動かなかった可動域ギリギリからスッと可動域が広がる。稽古を繰り返すと剛身が大きくなって全身に広がる。そうなれば一度息を止めて3秒後に動いたらそのまま息を止めたまま3秒待つともう一度可動域が広がる。一呼吸でこの動きを3回やる。

前章で書いたように格闘技の動きでこれが出来ると相手の呼吸を盗んだように、相手の戦闘能力が低くなります。具体的に稽古で繰り返す。そうすると呼吸が鍛えられていき、一呼吸で3回の動きを行い、次の呼吸の合間に息を吐かないで、ホンの少し吸って更に3回の動きが出来るようになっていきます。息を吐かないで吸うと動きの隙間が少ないので、隙が減っていきます。この動きを何度も繰り返せば試合においても相手の呼吸を上手く盗めるようになっていきます。そして剛身の呼吸が全身に繋がり健康度も向上してゆきます。

さらに稽古を繰り返す日々が続くと次の答えがカラダから出て来ます。息を大きく吸う機能が向上したら今度は大きく吐き出して同じ舌の動きを行ってもスッと可動域が向上するようになります。呼吸は吸うと吐く。どちらも向上させるのが武術の陰陽に従った稽古なのでしょう。陰陽が整うと次の景色が見えてきます。

カラダを呼吸で膨らませて姿勢を整える。可動域ギリギリまで動きを高めたら、舌先を近づけるとスッとカラダがチカラを出して、膨らむようになります。次に一瞬離して再び舌を近づけます。一瞬は0.5秒以下。タイムオンしない短い時間。

水切の術で手にしたチカラの変換がこの時起こり、カラダが潜在意識下のチカラを発揮して更に動きが向上します。

この辺りで舌の動きとお腹の内部の動きが繋がってきます。そうなると舌の詳細な動きがお腹の内部に伝わり、内部で詳細で複雑な動きが出来るようになります。ヨガでやるようなお腹の中が揺れてにゅるにゅると動かせるように変わります。

舌は呼吸と関係し内臓の動きとも繋がります。呼吸も内臓の働きも健康に、そして全ての動きの良し悪しに関係します。舌の動きを型の動きに取り入れると、型に込められた隠れたチカラがより引き出されていきます。

舌先を使った呼吸が骨格と繋がると、今度は骨格の動きに新しい風が吹き込まれたように次の変化がやってきます。足裏3点という武術の口伝があります。

足の親指の下辺りと小指側の2点で地面に触れカラダを支えます。残りの1点は踵に置き、濡れた和紙を踏んで破らない。足裏3点に関する口伝です。これはホンの少しだけ踵の骨を浮かす。現代の言葉に置き換えてみると、踵は触れて骨はわずかに浮く。着いた踵の下に薄い下敷きを差し込んだら皮膚と骨の間の隙間に入る。このような表現になります。

足裏で一番強いのは親指の下辺り、これを操体法では足心と呼びます。ここを鍛えたら外反母趾が治ったという受講生の話が機縁として時間を経て出て来ました。

足心に体重を乗せて、骨格を上下させたり動かしたりすると足心の辺りが少しずつ動くようになります。その際に全身が繋がると足心の動きに合わせて足の骨格がバランスをとるように動き出します。小指側が丸く開いたり閉じたり地面を掴むように動き始めて、動きが定着するとそれに合わせて踵の骨がホンの少し上下するようになっていきます。

おそらくこれが足裏3点の意味なのでしょう。この動きが出るとカラダの奥の動きがまたスッと新しい部分に出て来るようになります。

足裏3点が向上するとカラダ全体のバランス感覚が下から向上します。

カラダのバランスの始まりは足指、最終地点は頭上になります。頭のバランスはどこで取るのでしょうか？　色々な意見があると思いますが格闘技の経験から面白い場所を発見しました。それは顎の先端です。

ここにパンチが当たると脳が揺れて倒れます。パンチが当たるどころかかすっても倒れたりします。倒れる時には電気が走ったように光が見えたりします。

骨伝導の変化とテコによる脳への刺激が多いのは顎なのかもしれません。

これは体のバランスに対して見えない何かの関係があるように感じました。パンチが軽く触れるだけで倒れるのには何かカラダとの見逃している関係があるのではないか？

早速試してみました。カラダを捻転して軽く顎の先に触れるとやっぱりスッと可動域が向上します。続けていくと面白い発見が出て来ます。触れるとスッと動くを続けると体内のネットワークが段々以前より繋がっていきます。そうなったら今度は触れてホンの少し指を離す。その瞬間に更にスッと可動域が向上します。更に日々続ければ触れないで指先を顎の先端の近くに置いただけで反応が起こるようになります。全ての触れる運動はこの3段階で進むのが良いのでしょう。丁寧に繰り返すと、足裏から頭までより深いネットワークの繋がりが覚醒していきます。

覚醒したカラダの内部を更に覚醒させる秘訣は一つの運動を複雑にして、数を増やすことです。体を捻じって胸の前で腕を回転させる。1回の反応が出てきたら2回回す。次に3回回す。無意識の反応が続けることで広がり大きくなると、回数を重ねることによってより大きな無意識の反応が連続で出て来るようになります。そこに五感の指令を加えます。腕を回すごとに首を回して目線を変える。繰り返すことでネットワークが更に深く繋がり更に奥の動きが覚醒していきます。ここに鼻や耳を擦るなどの動きを加えるとカラダ全体の動きがより深く繋がっていきます。

〝顎への刺激〟からの覚醒

カラダを捻転させ、自然に止まった臨界点で軽く顎の先に触れると（写真3）、可動域が広がり、深く捻ることができるようになる。

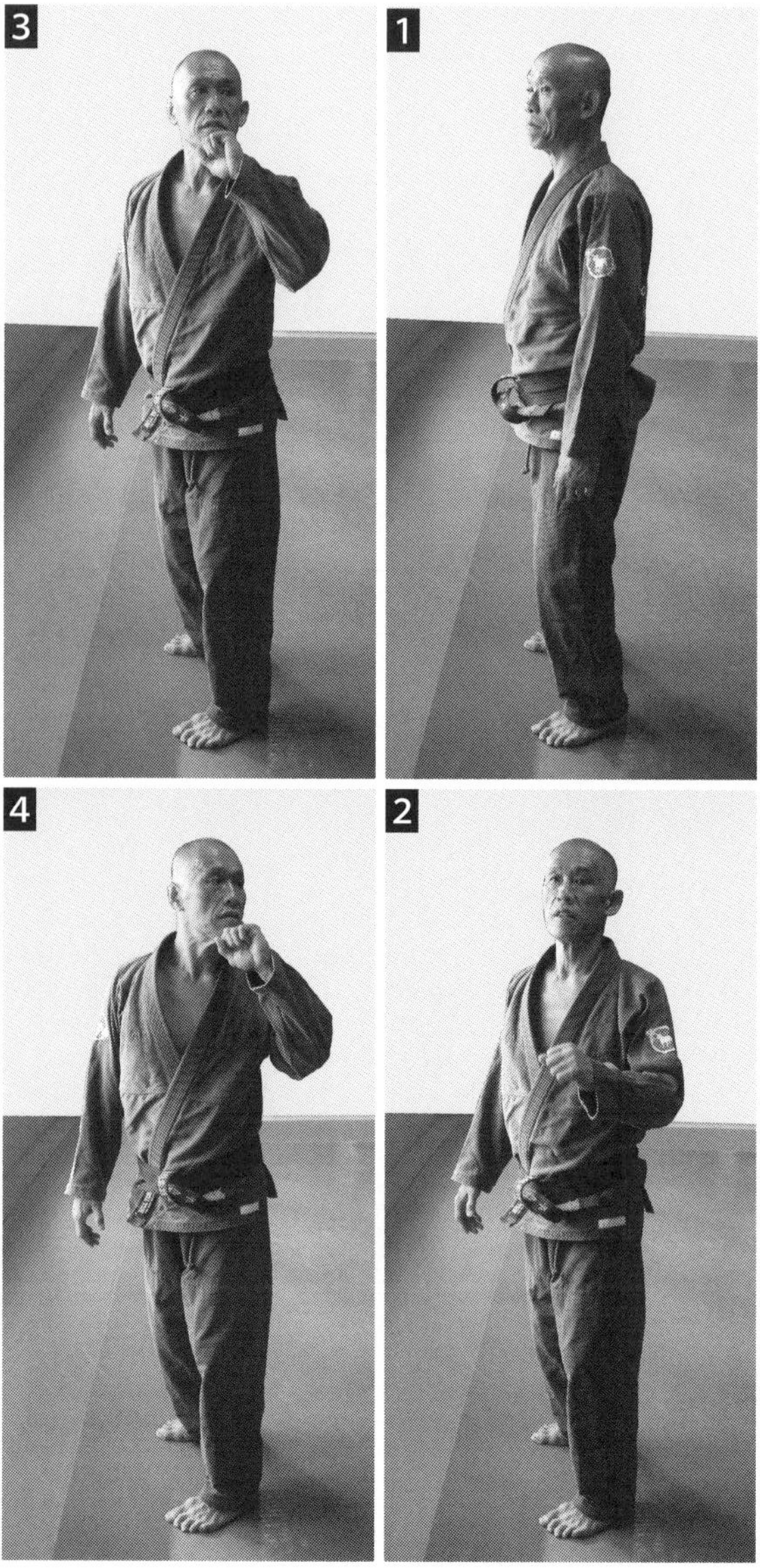

“腕の回転”からの覚醒

カラダを捻転させ、自然に止まった臨界点で胸の前で腕を回転させることによってネットワークが繋がり、カラダの奥が覚醒する（写真3～4）。1回の反応が出たら2回、3回と回し、カラダの反応を拡大させていく。

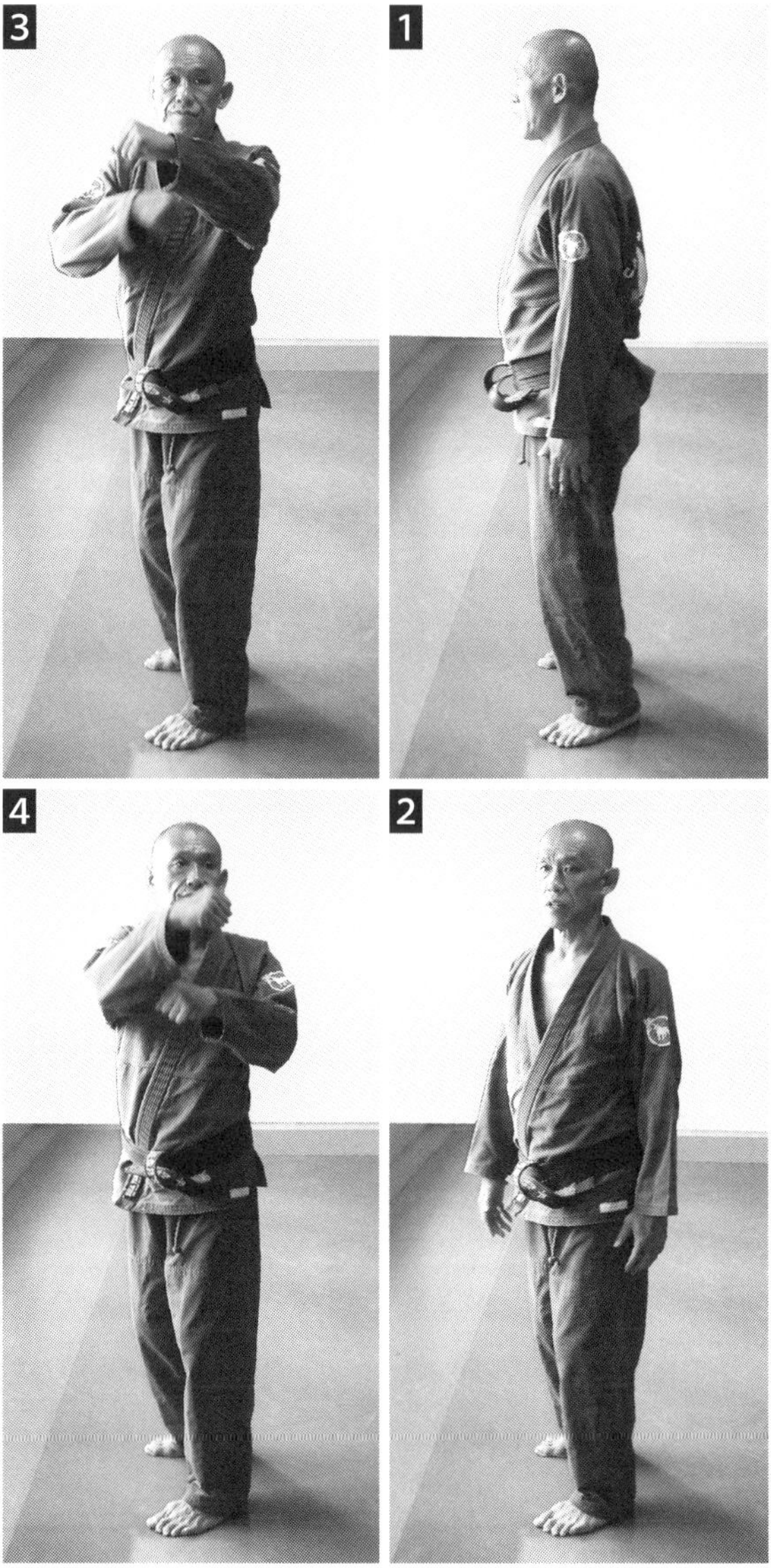

カラダ全体の動きが奥から深く繋がってきたら、今度は強さを加えていきます。この辺りから文章では理解が難しくなっていきます。動きの中の見えない変化を経験すればすぐに分かりますが、見ただけでは分かりにくい。これも武術の稽古の真実です。ここからは心眼流の動きを分解した運動になります。段々と進む先を予習するつもりでご覧ください。

カラダの強さは手足ではなく手足の元にある体幹がポイントになります。体幹を使うコツは肩甲骨と肘、骨盤と膝を上手く繋げることに隠れています。カラダの中心から胴体のチカラを手足に繋げれば大きな元のチカラが手足に伝わりチカラは大きく拡大します。

これは心眼流の肘を伸ばして回転させる運動を抜き出した運動です。

肩甲骨と肘関節を意識して呼吸と姿勢そして様々な奥の繋がりを出来るだけ意識して動かします。稽古が進めば潜在意識下で繋がった動きが出て来るようになります。その時に邪魔をするのは顕在意識です。動きの始まりに動きを意識をしたらスッと息を吐く動きに任せます。呼吸に任せた動きは意識が介入しにくい。丁寧に繰り返すと、スッとカラダから腕の中を流れる動きが出て来るようになっていきます。

息を吐く時間が0.5秒以下であればタイムオンしないので潜在意識下で学習した動きが勝手に出

てくるようになります。大きく素早い呼吸、息を吸うと吐く。意識を超えた動きが考える間もない程早い呼吸によって引き出されます。呼吸が上手く出来るようになったら骨格などの内側を動かすコツで無意識の運動指令を引き出し、大きくなった呼吸の出し入れを舌先で行うように進みます。段々スッと動く不思議なチカラがカラダの中で繋がり広がっていきます。その時には身体中が膨らむような不思議な感覚になります。膨らんだら次は膨らむチカラを感じないようなチカラ加減に進みます。骨盤と膝関節も同様のコツで伸ばします。この時腕を補助で動かすと器用に動く腕との繋がりで奥のチカラが引き出しやすくなります。

陰陽でカラダは運用されますので、肘関節を絞り込むようにしながら肩甲骨と繋げます。骨盤と膝関節も同じです。これも心眼流の素振りの一部を取り出した運動です。カラダ全体が膨らみ内側を何かが流れる感じが出て来るようになります。

この動きが出来るようになると、武術の構えの鍛え方が見えてきます。武術の構え方は弓を引くようにと伝わっています。弓を引くには全力が必要です。全力を込めて引いた弓を解き放つようにカラダ全体のチカラを上手く抜くと圧倒的に速く強いチカラが出て来ます。

"弓を引くように構える"

全力で弓を引き（写真1）、解き放つようにカラダ全体のチカラを抜くと（写真2）、骨格への圧縮～解放の刺激が瞬間的に発生し、全身の繋がり、意識を超えた速さと強さを持ったチカラが自然に運用される状態になる。

1

2

全力を込めるとは現代の筋肉ではなく、骨格になります。骨格を支える関節部がギリギリまで圧縮されると、チカラを抜いた瞬間に強い変化が生じます。緩い関節よりもギリギリまで締めた関節であれば変化する時間が短く強いチカラが加わります。抜く時間が短い方が圧倒的な潜在意識下のチカラが引き出されます。骨格を支える内圧を高め、スッと短くチカラを抜くと火打石で火花が出るように、骨格の骨電位が大きく出ます。この時の骨伝導に反応して意識の筋肉を奥から支える無意識の運動指令が発動して意識を超えた早さと強さを持ったチカラが運用されます。これが石火の機です。

徒競走でスタートする時。チカラを抜いてから入れてスタートダッシュしても早くはありません。適度にチカラを込めて一瞬抜く動きからスタートダッシュは始まります。ここでチカラを込めるのは筋肉ではなく関節部になります。スタートは関節に骨伝導が高まる動きの間で足を踏み出す。この動きの組み合わせは筋力を凌ぐチカラを引き出します。これは石火の機の連動です。早く走る時には何も感じないのはタイムオンしないチカラが出ているから。筋肉の潜在能力が出れば何も感じず早く走れます。

マザーツリーの森は、全体が脳のような電気的な繋がりを持ち、情報をやり取りしています。

森は動かない、人は動く。森が動くとしたらいくつもの柱のような支えが必要です。そうでなければ森の土が崩れてしまう。人の柱のような存在が骨格。骨格は電気指令を発する。人もカラダの全てがマザーツリーのように電気的な情報のやり取りをしている。柱が動く時に全体を動かすのに必要な一番重要な情報が得られます。骨格からの電気的情報がマザーツリーが発信する情報のような役割を果たしカラダ全体に繋がる。森が動く時に土だけが動けば森は崩壊する。もしも森が動くのなら動くのに合わせて土の柔らかさは変化しつつ動かなければいけない。骨格が発する、動くたびに変異する電気的な情報は筋肉に土を守る様な的確な変化のための指令を与えている。

その能力を高めるコツは意識と無意識の間にある陰のような部分を開くこと。石火の機とは意識しているようでしていない、意識しないようで意識している不思議な間。その状態は妙に清々しく、カラダがスッと動き、思考も意識を超えてスッと動きます。とても調子が良い時の感覚です。

格闘技でも同じです。骨格を石火の機によって動かす、タイムオンしない時間0.5秒で行うとスッと動き素早く強いチカラが何も感じないのに出ています。意識と無意識の間のような思考の状態。間は隙間ではなく、2つの思考が重なり補い合うような不思議な状態。それが出来れば、試合の間も思考として深く考えないのにドンドン流れるように出て来る。何も感じない攻撃が当たると、相手は簡単に倒れます。何も感じない攻撃は意識を超えた早さと強さがある。これがベンジャミン・リベットの研究の武術と格闘技に関する応用です。

これは日常動作にも共通します。深くは考え過ぎない、かと言って何も考えていない訳でもない。意識と無意識が行き来するような思考の状態。

それは晴れやかな心と元気な肉体を働かす不思議な精神状態。

その時カラダは感じない、余計な悩みもない、そして心身が最も働く無理ない状態。

全て上手くいく時には余計な考えがなく、心身がスッと動く。これが武術の稽古によって手にする心身なのでしょう。

5 無刀捕りと活人剣

最後に柳生新陰流が目指したものは強さではない。強さを超えたもの。

これを書きたいと思います。

徳川家康公の認めた武術が柳生一族の柳生新陰流。新陰流は徳川家の有能な侍の学習教材でもあった。新陰流は戦を無視した技で出来ている。こんな逸話がある。外に出て戦のような戦いの稽古をしていたら、大声で叱られたという逸話。

「お前たちはもう一度戦の世に戻したいのか?」

徳川幕府の江戸時代は世界史の中でも例を見ない平和な時代を270年続けた。同じ時代、世界は大航海時代と呼ばれ侵略と植民地化が世界中で起きていた。その時代に平和と安定を誇った江戸の時代。

それを支えた柳生一族の武術は単なる強さを超えたものを陰にして伝えている。

藩の有能な武士たちは再び戦がある前提ではなく決して戦を起こさないために武術を使った。実際に270年の平和な時代を築いた江戸時代。

そこに柳生一族が大きな関わりを持っている。

徳川家康公が柳生石舟斎先生を認めた逸話がある。

柳生の集大成である無刀捕りを実際に徳川家康公に見せた。

これは小説の中の出来事。ただし柳生の伝承の中にもあり、島津先生からも聞かせて頂いたことがある。

島津先生が聞かせてくれたのはこういう話。

無刀とは真剣白羽捕りとは違う。実際に向き合った時に刀を相手にするのではない。

刀を持つ相手の心身を捕らえ、刀を持っていることを忘れさせる。

争いは話し合いでは収まらない。それが出来れば神様に近い。

争いを忘れさせることが出来たとしたら、２７０年間の平和の秘密が無刀捕りに隠れている。

柳生の神髄そして武術の神髄が無刀捕り。

相手に刀を持っていることを忘れさせる。これが無刀の意味だという。

スッと相手に近づく。相手の動きの陰の部分まで見極めて。

相手が動く前に、全てを知り、意識の外の速さで動く。

人を相手に意識を消すことは難しい。意識と意識のぶつかり合いであれば、刀を持った方が強い。

意識を超えた潜在意識下のチカラを手にすれば、相手の動きが見えた瞬間に動いても、タイムオンしないチカラが出れば後の先となる。

後の先とは武術の基本であり、いまいちはっきりとしない極意。石舟斎先生の孫である柳生兵庫助先生は小説の中などで後の先でスッと斬ったりします。

小説ではない格闘技の試合やスパーリングでも、同じような経験は何度もあります。

相手の動きの起こりは本当にあり、そこを外しながら動くとカウンターで綺麗に決まります。その時には心身の奥のチカラが引き出されるのでしょう。

真剣でその状態になれるかと言えば難しい。そもそもこの時代において真剣を使った勝負など出来ない。

全ての動きを知り素早く広く反応する。これは剣術だけではなくこの時代の全てに通じます。

政財界にも産業にも商業にもこの感覚が重要です。

流行や時代の流れをいち早く知り、始めに動くことです。

石舟斎先生の息子である、柳生宗矩先生は徳川家に仕え武術のみならず政治にも大きく関わっています。

兵法は人を殺すのではなく、生かすことに主眼目を置かなければならない。

宗矩先生の言葉は現代においても輝きを放つ言葉であると思います。


これを現実にするのが石火の間です。石火の機によって起きる潜在能力をより引き出した心身の状態。その状態をある一定の間で繰り返す。その間の秘密はタイムオンしない間の繰り返し。人の思考のタイミングをずらすと、意識と意識の間に無意識の扉が開きます。

本書で既に何度も書いた、タイムオンしない状態は意識と無意識の間の扉を開き、潜在的な能力を引き出す絶妙の間合いになります。カラダを動かして石火の機を引き出し、石火の間に変えていくと、相手には陰のような存在になり、戦いにおいて圧倒的に有利な状態に変わる。陰のような存在は実際には光り輝く秘めたチカラが出る。

陰となって変幻自在に変化する肉体の能力は意識を超えた内側のチカラで満たされている。

その肉体は精神も頭脳も陰の部分まで達し、思考も判断も通常の思考を軽く超える。どんなに考えても出て来ない答えは潜在意識下に隠れた陰。その陰を見るには肉体を意識と潜在意識の間に置くことで、頭脳も意識と潜在意識の間に置くことが出来る。意識と潜在意識のチカラの２つを操る。

おそらくこれが柳生の秘伝。

肉体の訓練により引き出すのは、隠れた潜在能力。肉体の潜在能力が引き出されると頭脳も精神も共に隠れたチカラを引き出す。強さの先を求め実用したのが江戸時代の柳生の秘密。これはどの時代にも素晴らしい効用があり、現代では喪失した叡智。

柳生心眼流は戦のための技法で完成され甲冑を着た武術。

徳川家康公が柳生心眼流をなぜ伊達藩のお留武術にしたのか？

伊達政宗公は最後まで天下を狙った武将。そこに戦国武術を送り込めば最後まで天下を狙う。

伊達藩は奥州の最大勢力。同じ時期に天下統一後を考えていた家康公。

政宗公が同じ時期に気がつき、同じ備えをしたとしたら？

最大の敵になった可能性があるのかもしれない？

もちろんこれは勝手な想像、いや妄想です。(笑)

心眼流を学べたのはとても幸運でした。

素晴らしい機縁。


初めに武術の本質を学んだことは、考えてみれば、強さの先にあるものから学ぶよりもより深い部分まで武術の陰まで見れる可能性が大きくなる。

人との関わり時代の流れ、表面ではなく陰に隠れる部分を知りいち早く行動に移す。

人の活かし方は見えない部分の陰にある、その人の持つ良い部分を知ること。

会社関係も目には見えない部分まで知って丁寧に素早く対応する。

これはどの時代においても役に立つものです。

おそらく江戸時代における柳生の最高の功績は、武術をもってこの発想を具体化出来る人物を数多く輩出したことに尽きる。

真剣を持って向き合い、型稽古の中で心眼をもって全ての陰を見る稽古。袋竹刀を持って実際に打ち合う中でも陰を操る。

この稽古の効用は、思考においても大きく効果があったに違いない。
これからの時代、健康不安そして情報に関する不安は大きくなる可能性が高い。カラダの奥のチカラを引き出すと心身が豊かになります。
物事の奥に隠れる陰を見ることは、情報だけでなく人間関係などの真実を見ることに繋がり、本当の豊かな関係を築くことに繋がる。

柳生は活人剣のための知恵の集積です。
いつの時代にも活き活きと暮らすことは素晴らしい人生に繋がります。

コツは意外なところに隠れています。

意外な部分の見つけ方を具体的に伝えたものが本来の武術の在り方であったと、稽古を通じて感じます。これは生きるチカラを陰で大きく支えてくれます。

本書が皆様の生活を豊かにする見えない意外なチカラ（陰）になると嬉しいです。

最後まで読んでくださり感謝いたします。

おわりに　～その眉毛を見よ

島津先生には本当に良くして頂きました。島津先生とお会いしたのは先生が70歳の時。『月刊秘伝』の対談でした。とても不思議な何かを感じて、暫くして先生に心眼流を教えてくださいとお願いして15年。

「これから10年で全てを教える。それから先は体が動かなくなるから、口で色々と聞かせるようになる。」本当にそうなったのが不思議です。

全部教えると言った割りに、技とかあまり習っていない。心眼流の素振りという稽古も先生は「一本だけ出来れば良い。一本の中の本当のことが分かれば良いんだ。」そう教えてくれました。技を増やすのではなく、技に隠れる秘密を初めから見せてくれたんだと感じます。

先生はこんなことを聞かせてくれました。一番良い教え方は出来るだけ教えないこと。

自分で見つける。自分で見つけたものは一生忘れない。多分「はじめから全部教える」は、〝はじめから自分で見つけるように昔のやり方で教える〟だったのでしょう。

ある日こんな話を先生が聞かせてくれました。

「免許皆伝の巻物には何も書いてない。だから盗んでも意味がない。書いてあるのは師匠が出来ると認めた技が書いてあるだけ。最後に師から贈る言葉が書いてある。うちはこう書く。その眉毛を見よ。どうだ、自分の眉毛をどうやって見る？」

考えても分かりません。目で見ようとカラダをガチャガチャ動かしてるのを見て先生が笑いながら「簡単だぞ、鏡で見れば良いんだ。」「武術は発想の転換さ。」

そうか、その時は納得した。後日ある人から聞かせて頂いた一言が理解を深めてくれた。昔の人は大切な言葉にはいくつも意味を込めて伝える。最後に聞かせてくれた発想の転換。ここに自分で見つけるコツが隠れていたのです。眉毛は見えない。眉毛は何もしなくとも長さが変わらない。眉毛はいつも感じない。ところが剃ってしまえば汗が目に入ってどうにもならない。カラダの持つ不思議な力の象徴の一つ。

柳生心眼流は心身の持つ不思議な力を引き出すための、目には見えないコツを沢山隠して伝える。武術はコツを隠して形で伝え、気がついた者がそれを引き継ぐ。そのコツは〝眉毛を見て考えてご覧。〟先生はあの日そう伝えてくれたのかもしれない。

目には見えない物を見るのが心眼。心眼で見るのは目には見えない陰。心眼流の源流は新陰流。そのまた源流は陰流。人の心も目には見えない。人間関係も同じ。世の流れも見えない。空気は見えない。時間の流れも見えない。全てその奥（陰）が見えれば目に見える物よりも大きな価値がある。

先生本当にありがとうございました。その眉毛を見よ。本当の意味が分かった時には先生に喜んでいただける。もう会えないけれど、その時には目には見えないだけでまたお会いしてるような気がします。

２０２４年６月

平　直行

著者プロフィール
平 直行（たいら なおゆき）

総合格闘技草創期にプロのリングで活躍。漫画『グラップラー刃牙』の主人公範馬刃牙のモデルとしても知られる。操体法や療術にも精通し、太氣拳、柳生心眼流を修めるなど多角的に研究を深め、独自の身体理論を確立している。
著書：『平直行のリアルファイト柔術』（徳間書店）、『めざめよカラダ！骨絡調整術』『カラダのすべてが動きだす！筋絡調整術』『触れるだけでカラダの奥が動き出す！』『五感を活用 カラダは三倍動く！』『誰も知らない達人術』（ＢＡＢジャパン） ＤＶＤ：『高機能ボディになる！』『骨絡調整術ＤＶＤ』『筋絡調整術ＤＶＤ』『さむらいメソッドやわらぎ』『五感で目覚める』（ＢＡＢジャパン）

イラスト（p.71、73）：丸住 和夫
装幀：谷中 英之
本文デザイン：中島 啓子

カラダの速度は思考を超える！ 超速の身体発動法

2024年7月30日　初版第1刷発行

著　　者　平 直行
発 行 者　東口 敏郎
発 行 所　株式会社ＢＡＢジャパン
〒151-0073 東京都渋谷区笹塚1-30-11 ４・５F
TEL　03-3469-0135　　FAX　03-3469-0162
URL　http://www.bab.co.jp/
E-mail　shop@bab.co.jp
郵便振替 00140-7-116767
印刷・製本　中央精版印刷株式会社

ISBN978-4-8142-0632-2　C2075